〈会 編
月現在

わが まちづくり
ひとづくり

中央大学出版部

白門市長会発足「記念誌」発刊を祝す

学校法人中央大学　理事長
阿　部　三　郎

　白門市長会発足の「記念誌」の発刊を、心からお祝い申し上げます。
　平素より会員の皆様には、母校中央大学発展のために温かいご支援とご協力を賜り、この場をお借りいたしまして厚く御礼申し上げます。
　また、この会の設立に至るまで、多大なご苦労をいただいた白門市長会会長　杉山　粛様を始め、前小松島市長　西川　政善様、そして関係各位の皆様には、深く感謝を申し上げる次第であります。
　本学をご卒業されました、いわゆる白門市長の皆様は、全国に現在42名いらっしゃると伺っております。「白門市長」の皆様方のそのご活躍そのものが、母校中央大学の信用と名声の高揚に寄与され、本学発展の基礎となっておりますことに対しまして、心より敬意を表する次第であります。
　まさに、中央大学の伝統である「実学の精神」を実践されております市長の皆様が、今回「白門市長会」を発足されましたことは、もうひとつの伝統であります「家族的情味」をモットーとする、約49万人の学員にとってもたいへん心強いことであります。
　ところで今日、日本の大学を取り巻く環境は大変厳しく、大学の教育と経営は基本的構造の変革を迫られております。そのような状況の中で中央大学は、国際的競争力と教養を兼ね備えたプロフェッショナルを輩出する「世界の中でも存在感のある大学」を目指しており、2001年10月より「創立125周年記念プロジェクト」を開始し、現在10年間に亘る募金推進活動を展開しております。

この事業計画は、専門職大学院設置をはじめ高度専門職業人教育の充実計画とキャンパス整備などが柱となっており、本学関係者各々の中央大学への想いを可能な限り反映させる事業でもあります。

　中央大学は、その歴史を振り返りますとき、節目、節目において学員の力強いご支援をいただきながら、発展をして参りました。どうか「白門市長会」の皆様におかれましては、今後とも、母校の更なる充実発展のために格別のご支援ご協力を賜りますようお願い申し上げますとともに、益々のご発展と会員の皆様のご健勝、ご活躍を心から祈念申し上げます。

2005年9月

白門市長会の発足を祝う

中央大学　総長
外　間　　寛

　2005年6月8日、白門市長会が発足しました。その設立準備のためにご尽力なされた小松島市の西川政善（前）市長、むつ市の杉山肅市長、津山市の中尾嘉伸市長その他関係の方々に敬意を表したいと存じます。また市長会発足を記念して、会員の方々のご寄稿から成る本書が刊行されましことを心からお喜び申し上げます。

　6月8日の設立総会後の懇親会には私も参加して、約30名の会員の方々にお会いしてお話をお聞きする機会をもつことができました。地方自治の第一線で、それぞれの都市の市民の信頼を得て自信を持って困難な課題に取り組んでおられるお姿に接して、深く感銘を受けました。中央大学が全国各地において、このように優れた地方自治の指導者を擁していることを改めて認識し、そして誇りに思いました。

　本書のゲラを一読しました。それぞれの都市の歴史、現状、課題の概要が示され、市民の意を体して市政の運用を図ろうとする努力が重ねられていることがよく分かります。東京の都心から遠くないところに位置する都市で林業振興・山間地振興を市政運営の最重要課題と位置付け、さまざまな施策が推進されている例（飯能市）、降って湧いたようなダイオキシン問題に暗中模索で市職員一丸となって取り組んだ経験（所沢市）、長年に亘る周到な計画のもとに15年の年月をかけて完成された「大和ミュージアム」の例（呉市）など、実に興味深いものがあります。私は、呉市の小笠原臣也市長のご厚意で実際に「大

和ミュージアム」を拝見し、その素晴らしさに感動したことを思い出します。本書は、白門市長会の会員相互の情報交換の書として意義深いものであるだけでなく、他の都市の関係者にも有益であり、そして一般読者にとっても都市問題を考えるうえでの興味深い参考書であるといってよいと思います。

　白門市長会の皆様が全国各地で、目覚しい活躍を続けておられることに改めて敬意を表します。そして市長会の会員の数がさらに増大し、相互の連携の絆がますます大きく発展することを祈念致します。

2005年9月

白門市長会の創設を祝して

中央大学　学長
角　田　邦　重

　中央大学出身の市長の皆様による白門市長会の創立に、心からお祝いを申し上げます。政界における学員会支部としては、すでに国会議員と国会に勤務する方々を含めた国会白門会が存在しています。これに加えて、中央集権から政府権限の地方への委譲が大きな流れとなっている現在、地方政治の中核を担う市長の皆様の同窓会が結成されることの意味は、決して小さくはないと存じます。
　「小さな政府」と「官から民へ」が大きな時代の流れではあっても、中央と地方政府の果たす公共的役割の重要性が小さくなっていくわけではないはずです。むしろ限られた財政的環境のなかにあって、重点的政策の選択や効率性の追求、あるいは民の力の活用が単純に手を抜くことにならないような方策の研究などなど、情報交換から地方の独自性の構築に至るまで、地方政府が負うことになる課題は複雑かつ高度化し困難を極めていることと思います。
　中央大学は、これまでも、国と地方のレベルにまたがり、多くの公務員を輩出してきました。実際、全国どこの地方に伺っても、中央大学出身の県庁や市の幹部職員とお会いする経験を致しました。この伝統は今でも引き継がれていて、例えば法学部学生の卒業後の就職先をみても、その2割近くは公務員となっていて、金融・保険、製造、流通といった他の業種を抑えトップの座を占めています。司法試験、公認会計士試験に代表される国家試験に強い中大という社会的評価は、統計的には、各種の国家公務員と地方公務員に強い中大の実績

によって支えられていると言っても過言ではありません。

　しかし、複雑でより高度な行政を担う専門性をもった人材育成のために、従来のような学部教育の段階を超えて、法曹養成を目的とした法科大学院に匹敵するような、行政大学院での教育の必要性が主張されてきたことはご存じのとおりです。その要請に応えて、いくつかの大学で、公共政策系の大学院を設立する動きが始まり、中央大学も、既に2004年に「公共政策研究科」を設置しました。この大学院は、研究者養成を目的にしてきたこれまでの大学院とは異なり、学部に別れて所属している公共政策研究を専門とする教員が力を結集し、これに加えて、行政や政治の分野で活躍中の現役の政策専門家の力を借りて、政策形成の研究と政策専門家の教育を目的としたいわばシステム研究科というべき性格をもっています。学部の卒業生のみならず、現職公務員に対する研修を引き受けることも構想しています。白門市長会の皆様が直面されている、あるいはこれからの課題に、少しでもお役に立てればと願っています。

2005年9月

まえがき

白門市長会会長　杉山　肅

　前小松島市長の西川政善氏とは随分親しくして頂いておりました。今年解散しましたが、全国政策研究市長会のメンバー同士であり、毎年行われる視察旅行では、気心の合う仲間でありました。

　何年前でありましたか、むつ市で開かれた会に、ご夫妻で参加され、8月なのに青森に特徴的な山背の寒さに震え上がった奥様のために洋品店に入られて、杉山市長の仲間だと名乗られてセーターか何かを求めたら、幾分か安くなったと言っておられたことを思い出します。

　6月8日、全国市長会で在任20年の表彰を受け受賞者を代表して謝辞を述べた後、白門市長会の設立総会が開催され、世話人代表の中尾津山市長の物馴れた会議の進行を感心しながら拝見しているうちに、突然会長には杉山をとのご発言がありました。

　私の5期の任期は10月ですからとお断りしたのですが、そんなことはどうでも良いような雰囲気で押し切られてしまいました。

　私も学生時代の気分に戻って、何とか成るだろうと、腹を括ってお引き受けすることに致しました。序でに10月の選挙も勝たせて貰おうかと、欲深く考えて居ります。

　同窓の市長会の仕事は決して易しいものではないと思いますが、皆さまのご指導を頂きながら会の完成度を高めたいと願っております。

　宜しくお願い致します。

目　次

白門市長会発足「記念誌」発刊を祝す
　　　　　　　　　　　　学校法人中央大学理事長　　阿部　三郎
白門市長会の発足を祝う　　中央大学総長　　外間　寛
白門市長会の創設を祝して　中央大学学長　　角田　邦重

まえがき　　　　　　　　　白門市長会会長　　杉山　肅

札幌市　（北海道）	上田　文雄	………………	3
むつ市　（青森）	杉山　肅	………………	8
一関市　（岩手）	浅井 東兵衛	………………	12
石巻市　（宮城）	土井 喜美夫	………………	14
古河市　（茨城）	小久保 忠男	………………	18
守谷市　（茨城）	会田　真一	………………	24
川越市　（埼玉）	舟橋　功一	………………	28
所沢市　（埼玉）	斎藤　博	………………	32
飯能市　（埼玉）	沢辺　瀞壱	………………	37
墨田区　（東京）	山﨑　昇	………………	42
世田谷区（東京）	熊本　哲之	………………	47
板橋区　（東京）	石塚　輝雄	………………	51
足立区　（東京）	鈴木　恒年	………………	59
葛飾区　（東京）	青木　勇	………………	63
多摩市　（東京）	渡辺　幸子	………………	67
秦野市　（神奈川）	二宮　忠夫	………………	71
富山市　（富山）	森　雅志	………………	76
須坂市　（長野）	三木　正夫	………………	81

高山市　（岐阜）　　土野　　守	……………………………	85
京都市　（京都）　　桝本　頼兼	……………………………	90
三田市　（兵庫）　　岡田　義弘	……………………………	95
新宮市　（和歌山）　上野　哲弘	……………………………	101
津山市　（岡山）　　中尾　嘉伸	……………………………	106
玉野市　（岡山）　　山根　敬則	……………………………	111
呉市　　（広島）　　小笠原 臣也	……………………………	116
大竹市　（広島）　　中川　　洋	……………………………	121
徳島市　（徳島）　　原　　秀樹	……………………………	125
小松島市（徳島）　　西川　政善	……………………………	130
新居浜市（愛媛）　　佐々木　龍	……………………………	137
宇土市　（熊本）　　田口　信夫	……………………………	143
名瀬市　（鹿児島）　平田　隆義	……………………………	146

あとがきにかえて　　　白門市長会顧問　　西川　政善

付録
　白門市長会会員名簿
　白門市長会会員市区長の市区所在地（図）

わがまちづくりひとづくり

札幌市（北海道）

市民の力みなぎる、
文化と誇りあふれる街―札幌

札幌市長　上田 文雄
（昭和47年卒）

札幌市のあらまし

　札幌市は、明治2年の開拓使設置から創建130年余りにして、東京、横浜、大阪、名古屋に次いで全国で5番目、道内の約3割にあたる187万人もの人口を擁するまでに発展を遂げた北海道の政治、経済、文化の中心都市です。

　気候の特徴は、四季の移り変わりが鮮明なことで、このことは市民が札幌を好きだと思う理由の一番に挙げられています。様々な花が一斉に咲き誇る春、爽やかな短い夏、紅葉の美しい秋そして年間降雪量が5mにも達する厳しい冬と、季節ごとに印象的な表情を見せてくれます。このような積雪寒冷地に大都市が成り立っているというのは世界にも類を見ないことです。

　札幌市は「少年よ大志を抱け」で有名なクラーク博士をはじめ海外から各分野の専門家が招聘され、外国の進んだ知識や技術を取り入れながら、政府主導のもと急速にかつ計画的にまちづくりが進められました。

　その後、札幌が北の拠点都市としてさらに大きな飛躍を遂げるきっかけとなったのが、1972年に開催された冬季オリンピックでした。オリンピック開催に向け地下鉄が開通し、道路整備が進むなど、15年を先取りしたといわれるほど都市基盤整備が一挙に進みました。

　さらに近年では、パシフィックミュージックフェスティバル（PMF）が開

催される芸術の森レナードバーンスタインメモリアルステージや札幌コンサートホールkitara、世界的彫刻家イサム・ノグチの設計によるモエレ沼公園、北海道日本ハムファイターズのホームスタジアムであり、2007年にはノルディックスキー世界選手権の舞台ともなる札幌ドームな

モエレ沼公園

ど、国際レベルの文化施設やスポーツ施設が充実しています。
　こうした結果、札幌市は高度な都市機能と豊かな自然がバランス良く共存した住みよいまちとして多くの市民に愛され、市政世論調査では「札幌が好き」「将来も住み続けたい」という人が約9割に上っています。

市長に就任して

　平成15年6月、私は第9代札幌市長として、この札幌の舵取りを任されることとなりました。民間出身の市長は、実に44年ぶりのことでした。
　44年前の第5代札幌市長、初の公選市長である高田冨與さんは、同じ中央大学の大先輩であり、また私と同じく弁護士でもありました。さらに当選した年齢も同じ54歳でした。このような共通点がたくさんあることも何かのめぐり合わせかと感慨深く感じたものです。
　市民の視点や市民の生活感覚を市政にどのように生かし、伸ばすべきものは伸ばし、変えるべきものは思い切って変えていくか、それが市民に選ばれた私の役割だと思っています。
　今、時代は大きく動いています。長引く景気の停滞と雇用の不安、国際化や情報化、少子高齢化などの急速な進展、都市化に伴う地域の絆の希薄化、さらには三位一体改革の地方財政への多大な影響など、あらゆる面で大きな変化が訪れようとしています。これまで社会や経済を支えてきた価値観や仕組みを時

代の転換期にふさわしいシステムにつくり変えていくことが求められています。先人たちが築いてきた基盤の上に、行政主導によるまちづくりのスタイルを、地方分権時代にふさわしい自治の仕組みへと変え、「札幌市民でよかった」と一人ひとりの市民が実感し、誇りを持てるようなまちづくりをしていくこと、そして元気あふれる札幌のまちを明日を担う子どもたちに責任を持って引き継いでいくことが、私の責務であると思っています。

元気ビジョン・元気プラン
　こうしたまちづくりの考え方を、私は「さっぽろ元気ビジョン」と名づけ、平成15年7月に発表しています。この施政方針では「市民の力みなぎる、文化と誇りあふれる街」を目標とし、市民自治をまちづくりの方策の根本に据えました。言い換えれば、「市民と共に考え、共に悩み、共に行動する」ことを大切にして市役所全体が動いていくということです。そして「元気な経済が生まれ、安心して働ける街」「健やかに暮らせる共生の街」「世界に誇れる環境の街」「芸術・文化、スポーツを発信する街」「ゆたかな心と創造性あふれる人を育む街」という5つの政策の柱を立てました。
　このように、最初の1年は土台をつくる年として公約を実現するための道筋をつくり、2年目には、ビジョンを確実に実行に移すため、公募委員を中心に構成する市民会議を立ち上げ、意見を幅広く反映させながら、「市民自治推進」「新まちづくり」「市役所改革推進」の3プランからなる「さっぽろ元気プラン」を策定しました。プラン策定と並行して、できることはすぐやるという精神で、中小企業等への融資資金「札幌元気基金」の創設や就業サポートセンターの開設など経済施策をはじめ、福祉・環境・文化・教育等、5つの基本目標に沿って、さまざまな政策課題にスピード感を持って取り組んできました。

3年目：折り返しを迎えて
　早いもので今年の6月で市長になって満2年、任期の折り返しを迎えました。この間の仕事に対する真摯な総括をしながら、「市民の力みなぎる、文化

と誇りあふれる街」の実現に向けて加速度を付け、今年は成果を実感できる年にしていかねばならないと、思いを新たにしているところです。

　この2年間、私は市民に「自分たちのまちづくりのことは、自分たちで考え、決めて、行動する」ことの大切さを訴えてきました。市民会議や、パブリックコメント制度など市民の声を行政に反映させるシステムを導入し、市内87カ所のまちづくりセンターを拠点として、市民参加による行政を推進してきました。

　そして、市民自治に最も重要な情報の共有と徹底した情報発信をするため、私自身も、15年6月から17年7月までの約2年間に、22回の「タウントーク」や10回の「市長と"おしゃべり"しませんか」などを通じて、3,000人を超える方々と直接お話をし、その概要について

市長と"おしゃべり"しませんか

は、毎月市内全戸に配布している「広報さっぽろ」に掲載してきました。また、財政状況を家計に例えた「さっぽろのおサイフ」や、都市計画やまちづくりに関する解説書である「まち本」など、難しそうな問題をイラストなどを取り入れて分かりやすく解説したパンフレットを作製し、市民からも大変好評を博しています。

　情報を共有し、市民の意見を政策に反映し、そして、市役所と市民が共に行動して進めるまちづくり、これが私の考える市民自治であり、これが根付いたときに市民の皆さんが自分の街として心から誇りにできる「市民の力みなぎる、文化と誇りあふれる街」札幌になると確信しています。

連携をキーワードに
　札幌市にもさまざまな課題がないわけではありませんが、私は、どんな難し

い課題であっても市民と議論を重ね、共に考え行動することで、必ずや解決していくことができると考えています。

　特に今年、市役所が行動するにあたってのキーワードとして、私は「連携」を挙げています。市役所内の部局間はもとより、市民や企業、NPO、また北海道や近隣の自治体と連携することによって、新たな発想が生まれ、効率的、効果的な施策が可能になると思うからです。少ない経費で大きな効果を上げることができるように、人やものを効果的に「集める・つなげる・広げる」工夫に力を注いでいきたいと考えています。

　そういう意味で、社会の正義・公正の実現という崇高な精神を「白門」でともに培った私たちも、強固な連携のもとに、そのネットワークや知的資源を活用し、今こそ地方自治体から国を動かしていく機運を盛り上げていくことが大切ではないかと思います。

　今後とも白門市長会の活動が実り多いものとなりますよう心から祈念して、設立にあたってのお祝いの言葉といたします。

[略　歴]

昭和47年3月	中央大学法学部法律学科卒業	平成15年6月	札幌市長（現職）
昭和53年4月	札幌弁護士会登録、弁護士業務開始	〈市民活動歴〉	
		平成7年	NPO推進北海道会議代表
平成6年4月	札幌弁護士会副会長	平成11年	（NPO法人）北海道NPOサポートセンター理事長
平成13年4月	日本弁護士連合会人権擁護委員会副委員長	平成14年	札響くらぶ会長

むつ市（青森県）

海洋研究都市を目指して

むつ市長　杉山 粛
（昭和34年卒）

　むつ市は今年3月14日隣接の2町1村と合併し、新むつ市としてのスタートを切った。中途半端な日に合併した理由は、3月下旬に予定されていた町長選挙を避けるためであった。吸収合併した3町村は何れも過疎地域の指定を受けており、合併後も指定は継続されている。

　合併時の人口は6万7,000人であるが、人口の減少傾向は続いていくと予想され、今後10年間で5,000人位の市民が減ると見込まれる。

　こうした中で、何のための合併であったのかと問われれば、お互いの苦しい財政事情を切り抜けたいとの思いで足並みが揃ったからであろうと答えるしかない。合併協議が進む中で、私は合併相手の内政干渉になるような事柄は一切行わないように留意した。以下の例は、合併後に知らされたことであるが、いくつかの必要な事業が財政的な理由で先送りされていたケースの一つである。

　それは、斎場で火葬中に炉が爆発をし、遺体を隣接する他地区の斎場に移して事態を収めた事例であるが、遺族の方々の心中を察すると、何とか事前に対応しておかなければならない案件ではなかったかとの想いがある。

　私は8年程前に、原子力発電所から発生する使用済核燃料の中間貯蔵施設の誘致を進める決断をした。

　その理由は、3つある。その1は、インフラ整備の遅れている旧むつ市の状

態を、せめて県内他市並にしようとしたために生じた、恒常的な財政赤字の解消を図りたいとの想いである。その2は、昭和59年にドイツのゴアレーベン村で、中間貯蔵施設を視察した経験である。ゴアレーベンでは、大学の在る町から反対運動をする人達がやって来るが、村の連合体や州政府は建設に賛成し、村の振興発展にも協力してくれる。もし使用済燃料を中間貯蔵する施設がないと原子力発電所を停止する事態が発生することになるとの地元住民の自然体の説明に納得したからである。その3は、むつ市には日本最初の原子力船定係港（現在、海洋地球研究船「みらい」の定係港になっている）があり、原子力船から出た使用済核燃料が8年余に渡って当地で安全に管理保管された実績があることである。

　以上のような事柄を背景として、知事、国会議員をはじめ専門的知見を有する方々とも相談をし、議会に諮ったところ、議会は特別委員会を設置して慎重な検討を行い、施設の立地は可能であるとの結論を出していただいた。

　電力会社に、議会の結論と共に施設の誘致を正式に申し入れてから7カ月後に、県と市に立地をしたい旨の申し出があり、県は極めて慎重に検討をされ、今年10月に受け入れに同意していただいた。この間に、これまで使い勝手が良くなかった電源三法交付金制度が、平成15年10月に大幅に改正され、交付金の一本化と使途の拡大が図られたので、新市の街づくりに有効活用してまいりたいと考えている。

　むつ市には、独立行政法人日本原子力研究開発機構（旧・日本原子力研究所）むつ事業所、独立行政法人海洋研究開発機構（旧・海洋科学技術センター）むつ研究所、財団法人日本海洋科学振興財団むつ海洋研究所が置かれていて、それぞれ連携を取り合いながら事業を進めている。特に、海洋研究開発機構は、地球温暖化の進む中で比較的遅れている南北太平洋とその周辺海域の調査研究で中心的役割を担いつつある。その主役は海洋地球研究船「みらい」である。

　日本最初の原子力船「むつ」は、その誕生から結末までのドラマティックな年月の間、国民に注目された船であったと考えるが、私も、大湊港と関根浜港

という2つの定係港を抱えた地元の市長として、その船の生涯の大半に関わりを持った立場から、生まれ変わって海洋地球観測船「みらい」と呼ばれることになった船の行く末に関心を持ち続けなければならないし、また持ち続けようと思っている。

　「みらい」は、世界最大級の海洋観測船であり、その機能の充実ぶりが故に環境の厳しい南北太平洋を調査研究領域とすることを求められており、赤道海域に敷設した高性能のトライトンブイから得られる各種情報は衛星を介してリアルタイムでむつ研究所をはじめ世界の研究機関に発信されている。また、調査海域から採取された深層水は、含有する放射性同位元素（炭素14）から発生年代を測定するために、むつ研究所に設置されているタンデトロン（加速器質量分析計）に入れられる。この機械は、日本に2台しかないと聞いているが、3000年という途方もない年数をかけて地球を循環する大海流中の二酸化炭素の挙動を解明するのに大きな期待が寄せられている。身近なところでは、三内丸山遺跡で発掘された埋蔵物の炭素14の分析も行っている。

　海洋研究開発機構の発足当初は、深海の研究や海洋の科学的・生物的活用を目的としていたが、「みらい」が地球温暖化を始めとする地球の運命を左右しかねない各種事象の調査・解明を開始したことにより、対象とする研究テーマも格段に広がってきた。

　今日、世界の海洋科学をリードする研究機関は、米国マサチューセッツ州ファルマス町（当市は友好都市の盟約を結んでいる）に存するウッズホール海洋研究所であり、シアトルに存するスクリプス海洋研究所であるが、何れも高緯度帯に所在している。それは、重要な研究領域が高緯度帯に分布することの証左であるとも思えるので、日本で最初の原子力船の開発に協力し、日本で最初の使用済核燃料中間貯蔵施設を引き受けた当市が、日本がパイオニアとなって進める太平洋を主な調査領域とする地球的研究活動に貢献したいと願うことは、決して不躾ではないと信じている。

[略　歴]
昭和34年3月　中央大学法学部法律学科卒業
昭和34年4月　（株）青森銀行入行
昭和42年10月16日　むつ市議会議員（昭和48年10月15日まで2期）
昭和48年10月30日　青森県議会議員（昭和60年9月10日まで4期）
昭和59年9月　はまなす農業協同組合代表理事組合長就任（平成13年6月退職）
昭和60年10月20日　むつ市長就任（現在、6期在任中）

〈主な役歴〉
斗南会津会会長、青森陸上競技協会会長、全国市長会相談役

一 関 市 (岩手県)

「みちのく理想郷」をめざして

一関市長　浅井 東兵衛
(昭和25年中退)

　私が市長を務めている「一関市」は、岩手県の南の玄関口、そして、仙台・盛岡の中間に位置します。
　市街地から、西方には栗駒国定公園栗駒山(一関市側からの呼び名「須川岳」)の雄姿が眺望できます。
　須川岳を源とする磐井川は、その川沿いに温泉が湧き出て一関温泉郷を形成しながら東に流れ下り、渓谷美の名勝天然記念物厳美渓をかたち造ったのち、市の中心部を貫流し、みちのくの大河北上川に注ぎます。
　東北新幹線が停車し、南北に走る国道4号やJR東北本線、東北自動車道により、北は藤原三代の栄華を誇った平泉町、南は宮城県に通じ、また、東は国道284号やJR大船渡線により、気仙地方・陸中海岸国立公園に、西は国道342号により、奥羽山脈を越えて秋田県に通じ、そして、国道457号や主要地方道一関大東線の起点に位置するなど、古くから交

須川岳

通の要衝となり、文化・流通・産業の拠点として発展してきた人口6万3,000人の岩手県南・宮城県北の中核都市です。

当市は、昭和23年4月に誕生し、これに前後して、2年連続来襲したカスリン、アイオン台風により、市中心部が壊滅的な打撃を蒙り、この災禍からの市民一丸となっての復興と発展への努力により、現在の姿があります。

目下、時代の一大転換期を迎え、次代を担う子どもたちが夢と誇りをもてる「まち」を創造していくことをめざし、当市は、本年9月20日に、当市を含めまして近隣7市町村が合併し、人口約13万人の新「一関市」として誕生することとなりました。東西約63km、南北約46kmの広がりがあり、総面積1,133.1k㎡で県内一の規模となります。

厳美渓

私はこの合併を、少子高齢化等により、地方に迫り来る過疎化の波の中、この地域が生き抜くための有効な手段として、早くから近隣町村に働きかけ、紆余曲折を経ながら、ようやく成就いたしました。

今後は、白門市長会会員各位のご指導ご高配を賜わりながら、新市建設計画に基づき、新市の一体性の速やかな確立と住民福祉の向上を図るため、住民の付託に応えるべく、邁進して参る所存であります。

結びに、白門市長会のご隆盛を心からご祈念申し上げまして、設立記念出版事業への寄稿といたします。

[略 歴]

昭和25年3月	中央大学専門部経済学科中退	平成10年11月	岩手県議会議員辞職
昭和42年	旭東石油代表取締役	平成11年1月	一関市長初当選
平成7年4月	岩手県議会議員初当選	平成15年1月	再選

石 巻 市（宮城県）

まちづくりの方向性

石巻市長　土井 喜美夫
（昭和46年卒）

　この度、私たち中央大学卒業生の「白門市長会」が関係者のご努力により創設されましたこと、誠におめでとうございます。

　私が母校を卒業してから30年以上経ちました。国電御茶ノ水駅を下車し、西洋文化の雰囲気を醸し出す建築物ニコライ堂を通りながら通った駿河台の校舎。中庭に立つ若人の像に集いながら友と語り合った懐かしい時が思い出されます。そして、古本屋街が大学の周りに連なり、古き良き時代のアカデミックなたたずまいの中で学生生活を送ることができました。今でも母校の校風、大地にしっかりと足を踏ん張って時代を改革する質実剛健の気風を忘れずに人生を送っております。そして年に一度強烈に白門の出身であることを思い出します。それは、年初めの東京箱根間往復大学対抗駅伝競走、通称「箱根駅伝」です。後輩たちが白地に赤の「Ｃ」の文字を付けて寒空の下一生懸命走っている姿を見ていると胸にぐっとせまるものがあるとともに、中央大学出身であることの誇りが強く湧き上がってくるのです。4年前の第70回大会で復路優勝したときは、テレビで見ながらつい小躍りしてしまいました。

　私は、この度、平成17年4月1日の1市6町の合併により、17万都市となった新石巻市「初代石巻市長」に就任いたしました。

　市長初当選は、2年前になりますが、代議士の秘書として更に国務大臣秘書

官を2度務めた後、衆議院選挙に挑戦していた時期に、前市長のリコール騒動が起きました。

　故郷石巻の方々がこの騒動で自信を失い、活力を失いかけているとき、多くの市民の皆様より石巻の再生のために市長選に立候補して欲しいとの強い要請があっての市長選挙への挑戦でありました。

　旧石巻市長に当選後は、「市政への信頼性の確保」と「財政再建」に取り組むとともに、石巻地域の合併協議会の会長として、自治体間の取りまとめに努力し、市町村合併という目標を達成することができました。

　新石巻市は、新旧ふたつの北上川が流れ、特に市の中心部を流れる旧北上川は、伊達藩の統治下において、江戸廻米などの海運・舟運基地として大変な賑わいを見せ、水運交通の拠点に位置する「奥州最大の米の集積港」として、全国的に知られ、現在の石巻市発展の礎となっています。

　また、眼の前に広がる太平洋は、「三陸沖漁場」として世界3大漁場の1つに数えられ、毎日多くの魚介類が水揚げされ、新鮮な海の幸を堪能できるとともに、北上川により作られた肥沃な大地では、米をはじめとした農産物の生産も盛んで、「食材王国・石巻」と呼ばれています。

　さらに、重要港湾石巻港の整備も進み、世界各国より木材を主とした原材料などの物流の拠点港として発展するとともに、雄大なリアス式海岸を見ることができる南三陸金華山国定公園を有する、農業、水産業、工業、商業、観光といったすべての業種にバランスの取れた宮城県下第2の都市となっています。

　私は、このような石巻市を運営するに当たり、「明るく」、「楽しく」、「元気よく」の基本理念の下、市民一人一人が手を取り合い、心にときめきを感じられるまちづくりを行いたいと

日和山からの眺望

考えています。

　しかし、急激な少子高齢化社会という人類の歴史上経験したことのない社会状況の中で、これまでの枠組みの中では解決しえない問題を乗り越えなければならない時代を迎えています。

　このような時代背景の中で、今後の自治体の重要な視点は、1つに「行政改革」、2つめに「住民協働型行政支援システムの構築」であろうと考えております。

　1つめの「行政改革」についてですが、よく「役所は無駄が多い」などと言われておりますが、私が特に力を入れたいのは、「行政は誰のためにあるのか」という視点であります。「市民の目線・視点にあった政策を効率よく運営しているか」を踏まえた「最小の経費で最大の効果」を生み出す「市民に満足いただける行政改革」です。

　2つめの「住民協働型行政支援システムの構築」についてですが、景気回復が見込まれない厳しい財政状況にあって、地方分権の受け皿として、多様な行政サービスを担うための行財政基盤を高める目的で市町村合併が進んでおります。

　この行財政基盤の早期確立の実現には、簡素で効率的な行財政運営が必要であり、「あれもこれも」の時代から、「あれかこれか」の時代であり、組織機構の見直しによる職員定数の削減はもちろんのこと、市民と行政はパートナーとしてお互いの役割を明確にし、住民の負担と選択に基づき提供する、「住民協働型行政支援システムの構築」を図ることが必要であると思います。

　私は、先人から受け継いだ故郷石巻の「自然」「まち」を立派な街として次の世代に引き渡すため全力を尽くしたいと考えております。複雑多岐に亘る地方自治を確立するため、改めて今何をするべきか。原点に立ち返りながら、真の地方自治実現のために、情報公開の徹底と市民の皆様の英知をお借りしながら、「額に汗した者がいずれは報われる。」そんな圏域が一体となった「石巻市」の実現を目指したいと思います。

［略　歴］

昭和46年3月	中央大学経済学部卒業
昭和49年9月	会社役員(平成15年1月まで)
昭和49年4月	衆議院議員内海英男公設第一秘書(平成5年6月まで)
昭和57年11月	建設大臣秘書官(昭和58年12月まで)
昭和63年5月	国務大臣、国土庁長官秘書官(平成元年6月まで)
平成15年1月	第20代石巻市長(平成17年3月まで)
平成17年4月	初代石巻市長に就任

古河市（茨城県）

住みがいのあるまち古河を目指して

古河市長　小久保 忠男
(昭和45年卒)

はじめに

　我らが母校中央大学出身の市長・区長の集まりとして、白門市長会が新たに発足しましたことは、我々の最も誇りとするところであり、それらの人々と胸襟を開き親交を深められますことは、人生にも仕事にも大いにプラスになるものであると存じます。

　まずは、当市長会設立にご尽力賜りました前小松島市長の西川政善様を始めとした関係者の皆様に深甚なる感謝の意を表する次第です。

　また、このように創立を記念して記念誌に寄稿する機会を得ましたことは大変有意義であり、本記念誌の場をお借りしまして、わがまち古河市の紹介とそのまちづくりについて拙稿を寄せたいと存じます。

わがまち古河

　まず、わがまち古河市の紹介でありますが、古河市は、茨城

古河総合公園：約2000本のハナモモが咲き誇る古河総合公園

18

渡良瀬遊水地：日本最大級のヨシ原を誇る渡良瀬遊水地

県の最西端、群馬・栃木・埼玉の3県に接し、関東平野のほぼ中央に位置しております。周囲には利根川・渡良瀬川の大河が流れ、自然豊かな渡良瀬遊水池が創り出す自然環境に恵まれた、水と緑の豊かなまちです。

古くは万葉集にも登場し、中世には古河公方の拠点として、江戸時代には、昨年のNHK大河ドラマ「葵徳川三代」などでお馴染みのことと思いますが、徳川家康・秀忠・家光という三代の将軍に仕えた「智の大老　土井利勝」を始めとした大名の城下町として栄えてきました。

現在はこうした歴史をテーマにした「古河歴史博物館」や歴史小説家永井路子をはじめとした古河市にゆかりのある作家の作品を展示した「古河文学館」、我が国で唯一の「篆刻美術館」などが点在し、その文化的価値と周辺の景観が高く評価され、市内外からたくさんの人々が訪れています。

また、一昨年前、誇るべきものがまた1つ生まれました。古河市には、古河市民の憩いの場である古河総合公園という公園があります。その公園が、平成15年9月に、園内にある湿地・御所沼の復元、古河公方館跡の雑木林など豊かな歴史的遺産や自然環境を大切にしながら公園づくりに取り組んできた点が認められ、ユネスコの「文化景観保護と管理に関する『メリナ・メルクーリ国際賞』」を受賞し、世界に誇れる公園となっています。

昭和50年の開園以来、市の花のハナモモ、太古をしのぶ大賀ハス、ハナショウブなど四季折々に咲く花々が訪れる人達の目を楽しませています。特に、3月下旬から4月上旬にかけて開催される桃まつりでは、約2,000本のハナモモと6人の桃娘が多くの観光客を出迎え隆盛を極めるまつりとなっています。

会員の皆様におかれましては、ぜひのお越しをお待ちしております。

古河市のまちづくり

次に、古河市のまちづくりでありますが、古河市は、昭和25年に市制施行し、本年8月1日に市制施行55周年を迎えました。さらに、市民生活のより一層の向上を図るために来る9月12日、近隣の総和町・三和町と合併し、新しい古河市として出発します。

私は、本市の歴史における言わば大転換の時期に、市長としての重責を担っておりますが、これまでの歩みを振り返ってみますと、施策につきましては、急激な少子高齢化や環境問題を抱えて、社会福祉の充実や循環型社会への対応が求められる中で、若者に夢が持て、お年寄りが安心して暮らすことができる、すなわち、全ての市民が生き生きと生活できる「住みがいのあるまち古河」を目指し、「福祉」、「教育」、「環境」を3本柱に市政を推進してきました。

特に、福祉関係では、乳幼児の外来診療及び3歳未満児の入院にかかる医療費の無料化、介護保険料及び利用料の助成、全小学校区への児童クラブの開設、保育所における一時保育や延長保育など特別保育サービスの開始、地域子育て支援センターの設置、障害児の一時預りであるデイスティ事業の開始など、乳幼児から高齢者までの福祉の向上に努めています。

教育関係においては、老朽化した学校施設の改築、給食の自校方式化など教育環境の整備を行うとともに、2学期制の導入、土曜教室など全国に先駆けた学力向上のための施策を鋭意実施しています。

環境の分野においては、ごみの8分別化、自転車のまちづくり、古河市役所庁舎のISO14001の取得、各小学校へのビオトープの設置など、様々な取り組みを行っているところです。

お陰を持ちまして、市民生活に密着した数々の施策を実施することができ、こうしたことが認められ、日本経済新聞社が今年3月に発行した「全国都市ランキング」では、利便性の部門で全国6位にランキングされるなど、全国的な評価を得ているところです。

これからの地方自治を考える

　しかし、古河市のこれからを考えるに当たり思うことは、私たち地方自治体にとって、将来の展望は大変厳しいものがあるということです。
　その理由には、1つに、少子高齢化の進行により、我が国の人口は2006年をピークに減少に転じるものと予測されており、それによって、近い将来、現在の生活基盤を維持することが困難な状況となることが危ぐされているということがあります。
　また、社会経済的な面を見ますと、我が国の経済は、国内民間需要の増加と世界経済の回復に伴い、緩やかな回復が見込まれておりますが、現実には一進一退であり、かつてのような成長や拡大が望めない時代の傾向が一層鮮明になっていると言えます。
　さらに、国においては、不安定な国際情勢や世界経済の競争激化、少子高齢化の急速な進行による社会保障費の増加など様々な課題を抱え、それによって生ずるゆがみに対し構造改革を推進しているところです。その一環である「三位一体の改革」については、現在のところ実質的には先送りされていると判断でき、この状況をかんがみますと、今後これまで以上の行財政改革が地方自治体に求められかねないものと危機感を募らせています。
　そこで、古河市が、将来に向かって安定的な発展を遂げることができるよう、また、厳しい時代の変化に的確に対応できるよう、持続可能なまちづくりを進めることが我々に課せられた重要な課題であると認識し、「財政基盤の再生」、「3市町合併の推進」、「市民との協働」を重要課題として取り組んでいます。
　1つめの、財政基盤の再生については、平成13年から鋭意取り組んできました財政健全化計画が平成17年度末にその計画期限を迎えます。私が市長に就任した平成11年度から平成15年度の決算までで約72億円の借入金残高を少なくするなど、一定の成果は得られたものと思っています。
　今後も、市役所は、市民の皆さんに最も近い基礎的な団体として、永続的か

つ安定的に市民生活を守るという責務のもとに、今後も計画の期限にかかわらず、これまでにも増して事務事業全般にわたる見直しと徹底した効率化に最大限の努力をしてまいりたいと思っています。

　2つめの市町村合併の推進については、新しい「古河市」が、旧市町域の区別なく一体感を持てるよう、そして、市民の皆さんが合併の効果を肌で感じられるように環境を整えていくことが私自身の使命であり、市民の皆さんが「合併してよかった」と実感できるまちにすることが将来世代に対しての責任ある行動であるとの考えのもと、課題を整理しているところです。

　3つめの、市民との協働についてですが、私は、市民と行政が一体感を持つことのできるまちにするには、市民の皆さんが行政に関心を持ち、行政と市民、企業、NPOなど多様な主体とが連携を強め、住みよい地域づくりを進めていくことが鍵になると考えています。

　そのため、昨年9月には、市民活動による協働のまちづくりを更に進めていくために、ボランティアやNPO等の団体を支援する役割を担う部署として「市民活動サポートセンター」を開設しました。一方、市民の皆さんによる実践といたしまして、アダプト制度による公園の花壇の管理が始まるとともに、地域の防犯・防災につきまして、地域住民の間でも自警団などの活動が既に始まっています。このことにつきましては、行政としても地域の方々と一緒に取り組みましたが、自分たちの住む地域は自分たちで創り、守る。市民一人ひとりがこのような気概を持ち、知恵を出し合い、力を合わせて地域が抱えるさまざまな問題を解決していくことが今後大変重要になってくると考えています。

結 び に

　いずれにしましても、長引く不況、景気低迷により社会不安が渦巻く中、我々行政は、市民の生活に対する不安を取り除き、これからの100年、200年後に対しても責任を持って行こうという気概を持ちながら、「安心して暮らせる社会」の実現のため、邁進してまいりたいと思っています。

　会員の皆様におかれましては、今後も更なるご指導ご鞭撻賜りますようお願

い申し上げますとともに、会員同士の交流を深めたく存じますのでよろしくお願い申し上げます。

[略　歴]

昭和45年3月	中央大学法学部卒業	昭和52年10月	行政書士
昭和40年4月	建設省関東地方建設局首都国道工事事務所勤務（昭和48年12月まで）	昭和54年5月	古河市議会議員（平成11年3月まで）
		平成4年6月	古河市議会議長（平成5年6月まで）
昭和49年1月	総和町役場勤務（昭和52年3月まで）	平成11年4月	古河市長（現在、2期目）

守谷市（茨城県）

「夢と希望にあふれるまち」を目指して
―ふるさとの心がいきづくまちづくり―

守谷市長　会田　真一
(昭和48年中退)

　中大時代は、勉学というよりは、どちらかというとハンドボールに明け暮れる学生時代をおくりました。同期には、オリンピック代表の佐々木健一君や花輪博君がおり、私はたいした選手ではありませんでしたが、4年最後の関東学生リーグで優勝した時に胴上げされたことが最高の思い出であり、そして、今でも当時の仲間と親交が続いていることは、私にとって大きな財産であります。

　この度は、白門市長会設立記念誌に寄せて守谷市の紹介をさせていただきます。

　守谷市は、茨城県の南西端、東京都心から40km圏内にある三方向を利根川・鬼怒川・小貝川に囲まれた水と緑が豊かに残るまちです。

　2002年（平成14年）2月2日、茨城県内22番目の市として市制を施行し「守谷市」が誕生しました。先人達が長い年月をかけてつくりあげてまいりました伝統・文化を継承しつつ更なる飛躍発展を目指し、新たな歴史を刻み始めました。

　2002年2月2日に行われました開市式では、約350名の市民グループ「守谷市誕生を祝う音楽の集い」による合奏・合唱が行われ、参列者一同大きな感動を憶えるとともに、行政主体ではなく、主人公である市民の守谷を愛する心、

そして、まちづくりに対する熱意がひしひしと感じられ、新生守谷にふさわしい第一歩を踏み出すことができました。

　前身であります守谷町は、昭和30年1町3カ村の合併により誕生しましたが、当時の人口は約1万2,000人の純農村地帯で、昭和41年首都圏近郊整備地帯の指定を受け、都市基盤整備公団（当時の日本住宅公団）や民間ディベロッパーによる大規模な住宅開発が進められ、昭和57年より入居が始まり、年々人口が増加してまいりました。さらに、常磐自動車道の開通、守谷工業団地の造成、企業誘致、東京駅からの高速バス開通等により、首都圏近郊都市として都市機能が充実してまいりました。

　さらに、昭和60年には運輸政策審議会より東京駅から守谷町南部をルートとする「常磐新線（現名称つくばエクスプレス）」が答申され、一躍脚光を浴び、20年の歳月を経て、先人のご労苦と地権者の皆様のご協力により、つくば－守谷－秋葉原間が1本のレールで結ばれ、今年8月24日待望の開通の運びとなりました。改めまして、守谷市の礎を築いてこられた諸先輩方のまちづくりに対する情熱と先見の明に敬意を表するとともに、『市制施行』『つくばエクスプレス開業』というまちづくりの大きな転換期に立ち会える幸せと重責を心に刻み、まちづくりに全力を傾注してまいる所存であります。

　さて、守谷駅は、東京方面から茨城県に入って最初の駅になるとともに、関東鉄道常総線との結節駅となり、秋葉原駅までは最速32分、つくば駅までは11分で結ばれます。ラッシュ時には1時間あたり17本が運行され、その内の11本が守谷駅始発となり、守谷駅は茨城県南地域の交通網の要衝になります。

TX守谷駅

　先日、守谷－秋葉原間を試乗してまいりましたが、つくばエクスプレスが短縮する時間・距離は、守谷市民に大きな夢空間を与えるとともに、茨城県の発

展にも大きく寄与することと確信いたしました。

　秋葉原からの帰りの電車では、利根川を渡ると目に飛び込んでくる守谷市に広がる帯状の木々が非常に印象的でした。これからつくばエクスプレスを利用して茨城県内に入る人々を緑のウェルカムゲートがお迎えすることになるでしょう。

TX車両

　このつくばエクスプレス開業のインパクトを積極的に活用し、単なる通過地点ではなく、地域特性を生かした産業の進展を図り、賑わいと活力のあるまちづくりを目指してまいります。

　守谷駅前広場については、単なる交通広場的な機能だけではなく、まとまった緑を配した美しい緑の杜の空間を備えた、人々が行き交い・出会い・集う、やすらぎと賑わいのある広場となるよう整備を進めております。つくばエクスプレスの利便性と自然との共存を考えたまちづくりに取り組み、「住んでみたい」「住んでよかった」「住み続けたい」と思われるまちづくりを進めます。

　民間の調査機関による「全都市住みよさランキング」では、全国763都市中12位、部門別の「快適度」では第9位にランクされております。また、都市の経済力の指標を図る別の調査では、「成長力」が一昨年度まで2年連続で総合第1位、昨年度は総合第2位と安定した高い結果がでており、これまでの施策に加え、市民、企業の皆様方のご努力が高く評価されたものと思っております。

　つくばエクスプレス開業を契機として、市内で操業しておりますアサヒビール茨城工場とともに「ビールがおいしいまち・もりや」を展開してまいりますので、白門市長会の皆さまにも、ぜひつくばエクスプレスに乗って守谷市へお越しいただきたいと思います。自然溢れるまちとおいしいビールを用意して皆

様をお待ちしております。

　今後は、発展と熟成という２つの特性を生かすべく施策に取り組み、だれもが安心して住み続けられるまち、市民一人ひとりの心の中に"もりや"というふるさとがいきづく、守谷市の将来像である「夢と希望にあふれるまち」の実現を目指してまいります。

　終わりに、白門市長会設立にご尽力をいただきました皆さまに感謝を申し上げますとともに、白門市長会の発展をご祈念申し上げます。

［略　歴］

昭和48年３月	中央大学中退	昭和55年３月１日	守谷町議会議員（〜63年２月29日）
昭和47年７月	株式会社アイダ代表取締役	昭和58年４月	医療法人道守会理事（〜現在）
昭和53年９月	守谷産業株式会社代表取締役社長	平成４年12月６日	守谷市長（現在４期目）

川 越 市（埼玉県）

白門市長会発足に寄せて（私の軌跡等）

川越市長　舟橋　功一
（昭和30年卒）

　今まで早稲田の人達の稲門市長会があることは聞いていた。政界進出は早稲田の方が多いであろうし、力（チカラ）があると思われるので白門市長会は望ましいがなかなか出来ないだろうと思っていた。また私は弁護士なので弁護士市長会も作る必要があるとも考えていた。弁護士市長の数は白門が圧倒的に多いであろうと考えていたが、そういう話は全くなかった。私にも責任があるかも知れない。ここに白門市長会が曲がりなりにもスタートしたことは誠に喜ばしいことである。小松島前市長西川氏に感謝する次第。

　振り返ると、私は30歳の時、昭和38年の統一地方選において埼玉県議会議員に当選した。弁護士になってやっと3年たった時であった。特に埼玉（川越市）は私の生まれた所ではなく、家内と結婚して初めて住んだ所であり、これまた3年足らずであった。その当時、ある地方紙の発行人が立候補するというので、そういう人を当選させては大変と心ある人

環境省の「かおり風景百選」に選ばれた菓子屋横丁

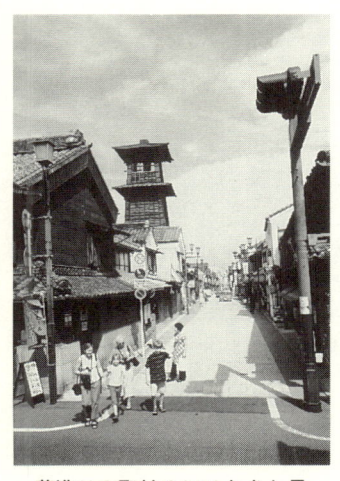

蔵造りの町並みにひときわ目立つ川越のシンボル「時の鐘」。
環境省の「残したい日本の音風景百選」に認定されています。

は考えていたようだ。何しろそんな人を相手に立候補してケンカしても、いやな思いをするだけと思ったらしく誰も立候補せずに見守るだけであった。若手の何人かが私に立候補をすすめた。若い私ならつかまれるようなシッポもないということで攻撃しにくいはずということであったらしい。しかし後になり私の悪口雑言を書いた新聞が繰り返し大量に配布されてほとほと困ったことがあった。とにかく2月末に立候補宣言をして4月の選挙に次点と108票差で滑り込んだ。以来、いろいろなことがあったが、そんな私を支えてくれた多くの市民の皆様のおかげをもって2回目以降は安定した数で当選し、今日迄、県議3回（連続当選）、衆議院議員1回（落選）、市長5回（4回当選）と合計9戦7勝2敗の成績であった。県議の時、中山正暉氏（私は中大で同級生）の兄さんの中山太郎さんの作った自民党青年議員連盟に参加したり、地元埼玉に40歳以下の保守系地方議員を集め、埼玉県青年議員連盟を作って活動したりしたことは、今でこそ楽しい思い出である。当時、中山正暉氏は大阪の市会議員であった。その後、私は新自由クラブの埼玉の初代代表となったが、いささか政界を迷走してしまった。しばらく政界は浪人して弁護士会に戻り、埼玉弁護士会長、日本弁護士連合会常務理事、裁判所調停委員や鑑定委員等を経験させていただいた。政界復帰はあきらめかけていたところ、請われて川越市長に突然担ぎあげられた。平成5年1月に行われた市長選挙。前年の10月25日に立候補を表明、準備期間3カ月足らずで挑む戦だった。9割方、当選確実とみられていた相手（現在代議士）を398票差で破り市長になった。以後2回3回は無競争。4回目は今年の1月末、高齢多選といわれながら民主党推薦を受けた40歳の候補を圧倒的な差で破り当選した（私は54,284

票、相手は22,123票、他の女性候補は7,795票で供託金没収)。家内、息子、娘の協力度は抜群であった。

東京弁護士会所属の時（今は埼玉弁護会所属）、中大の阿部三郎理事長とは同じ派閥で一緒に弁護士会の選挙をして、ご指導をいただいた仲である。思うに、地元の白門会はよく応援してくれるが、大学としては卒業

川越まつり　山車の巡行
川越まつりは、平成17年2月「川越氷川祭の山車行事」として国の重要無形民俗文化財に指定されました。平成18年は、10月15日（土）、翌16日（日）盛大に行われます。

生の選挙はあまり関係ないのか、学員会や学校に祝福されることなく連絡があるのは寄付金の要請だけだった。私の息子がアメリカ留学後早稲田の大学院で修士になったかかわりで稲門会に出たこともあり、早大前総長とも親しくお話をさせていただいた。また複数の他大学評議員もしたこともあり（現在も有力大学の評議員をやっている）、多くの方々と親交を深めたことは幸せである。ところで、中大では大学の役員等はどういう基準で選んでいるのかなと感じている。弁護士会の役員、政治家の端くれの一人として大学の宣伝には随分役立ったはずと思っている。今後は白門市長会を大学側は活用すべきと提案したい。選挙のたびに出身校が新聞の略歴に出て中大の名を高からしめているのだから。

　ともあれ、私などもう引っ込むときが近く、後の人達につなげなくてはならないと思っている。若手会員各位の今後のご活躍と大学、本会の発展を心からお祈り申し上げたい。

　最後に地元川越市について少し紹介させていただきたい。

　本市は人口約33万3,000人、埼玉唯一の中核市、埼玉で1番目の市制を敷いた市である。歴史と伝統あるまちとして知られ、史跡・文化財は日光、鎌倉に次いで多く、有数の文化財保有都市である。蔵造りの街はとりわけ有名で、訪

れる観光客は年間461万人に上る。今、私の任期中に観光客１千万人という大きな目標を掲げており、その実現に向け努力している。どうか一度お出かけになって川越の魅力を肌に感じてほしい。その時は市の秘書課に連絡していただきたい。他の方にもお話いただきたいと切に願う次第である。

　埼玉に40市ある中で現在、私は埼玉県市長連絡協議会会長をおおせつかっている。また古い市の市長のため、あて職を含め50を超える団体、第３セクター等の会長、理事長、社長等を務めるなど、至極多忙な毎日を送っている。

[略　歴]
昭和30年３月中央大学法学部卒業。弁護士登録。埼玉弁護士会会長、日本弁護士連合会常務理事等を歴任。埼玉県議（３期）などを経て、1993年に川越市長就任（現在、４期目）。埼玉県市長連絡協議会会長、埼玉県西部第一広域行政推進協議会会長、埼玉県街路事業推進協議会会長などを歴任。

所沢市（埼玉県）

「ふるさと所沢」のまちづくり半生記

所沢市長 斎藤 博
（昭和36年卒）

　母校中央大学を卒業してちょうど10年目の昭和46年、地元の方々からのご支援をいただき一介のサラリーマンから市議会議員に身を転じて以来、県議会議員さらに市長として、生まれ育った「ふるさと所沢」のまちづくりに情熱を燃やし続け早いもので35年、人生の半分以上が過ぎたこととなる。

　そして今、全国各地の自治体の首長として活躍されている同窓の会、「白門市長会」の記念誌に所沢市長として寄稿できることに、嬉しさとともに誇りを感じている。

　さて、私のふるさと所沢は、市制施行55周年を迎える現在、33万7,000人余の市民が生活を営み、雑木林に代表される武蔵野の豊かな自然と市内11の鉄道駅を中心に広がる都市機能とが調和した埼玉県西部地域の中心的な都市として発展してきている。

　私がこのまちを舞台にした地方政治に携わってから今日までを思い起こすと、特に印象に残

市制施行55周年　ところざわまつり

っている時期がふたつある。

　ひとつめは、予想だにしなかった人口急増の時代である。

　首都近郊の自治体ならどこでも経験されたことかもしれないが、所沢の場合は中でも極端ではなかったかと思っている。昭和25年、人口約4万5,000人で市制を施行した当時は、首都東京への食料供給地として中心街を離れると広大な農地の中に集落が点在する畑作中心の田園都市であった。しかし、高度経済成長とともに急激に開発が進み、昭和40年代から50年代にかけては東京のベッドタウンとして毎年1万人以上の人口増が続くという、今流の表現を借りれば「想定の範囲」外の急成長を迎えることとなった。

　当時の市政は、年間予算の3分の1以上を教育関係に費やされる年が数年間続き、道路や下水といった基盤整備までは十分手が回らない程、学校建設優先の状況であった。その中にあっても、単に学校という施設を整備するだけでなく、同時に教育環境の向上を図ることが必要と考え、県下初の市立教育センターの設置に奔走し、さらに、「これからは、地域医療の向上が必要不可欠」と、市議会内で激論の末、防衛医科大学校の誘致にこぎ付けたことも市議会議員時代の忘れられない思い出のひとつである。

　もうひとつは、所沢の名前を一躍全国区にしたダイオキシン騒動である。

　人口増もようやく落ち着いた平成3年に「あなたが主役のまちづくり」をモットーに市長に初当選して、以来じっくり構想を練りながら、議員時代からの懸案であった所沢のまちづくりの骨格となる基盤整備に力を注いできたが、さらに本格的な取り組みを進めようと2期目の選挙を終えた矢先の平成7年12月のことであった。

　本市の北東部に位置し、隣接する2市1町にまたがる豊かな雑木林、通称「くぬぎ山」地域について、「産業廃棄物焼却施設周辺の土壌から高濃度のダイオキシン類検出」の記事が全国紙の紙面に踊り、瞬く間にダイオキシン汚染のまちとして全国に知れわたった。当時、ダイオキシンに対しては、法的規制もなく科学的知見にも乏しい、誰もが全くの暗中模索の状況であった。しかし、市民にとっては現実生活での被害問題であり、施設の許可が県だなどというこ

とは関係無く、最も身近な市にすべての苦情が殺到した。市民の健康、ひいては命に関わることであり、食事も喉を通らず夜も眠れないという日々が続く中、市として出来ることは何なのか、職員とともに死に物狂いで考え、考えうる対策は即座に実行していった。全職員一丸となってのパトロールはもちろん、県、国への要望を繰り返し行った。そして、平成9年3月市議会でも全国初の「ダイオキシンを少なくし所沢にきれいな空気を取り戻すための条例」が可決され、同年7月「ダイオキシン汚染から環境と健康を守る市民会議」が発足し、市・議会・市民・事業者が一体となってのダイオキシン・ゼロのまちを目指した取り組みが進められた。

その後の裁判等で明らかになってきたように、いわれの無い疑いから大きな被害も受けたが、この騒動から学んだことも決して少なくなかった。結果的には、自分達の足元を見つめ直せということで、このピンチをチャンスとして捉え、「環境優先都市所沢」への大きな転機となった出来事といっても過言ではない。

これ以降、地球環境を強く意識しながら、市庁舎をはじめ消防本部、東西クリーンセンターなど主要施設がISO14001の認証を取得するとともに、他の公共施設も独自の環境マネジメントシステム（EMS）の導入、企業の認証取得等の支援、さらに騒動発生を機に高まった市民の環境意識を子どもの世代にまで広げるため、キッズISOや学校版ISOを市内全小中学校で実施してきた。

こうした積極的な取り組みが平成16年度グリーン購入大賞における優秀賞を、さらには国のダイオキシン類排出基準の10分の1以下という独自の排出基準を設けたごみ処理の新たな拠点施設である東部クリーンセンターが第3回屋上・壁面・特殊緑化技術コンクールで屋上緑化大賞を受賞するなど、環境優先都市として市民の誇れる評価に繋がってきている。

ダイオキシン騒動発生当時を思い出すと身の震える思いがするが、それを乗り越えてきた市民、職員の一丸となった姿、そのエネルギーは今も感動とともによみがえってくる。

紆余曲折のまちづくり半生であるが、最近は嬉しいことが続いている。

環境面での評価とともに、昨年ある調査機関が行った各自治体の公共サービスの水準比較調査において、子育て環境と高齢者福祉が10位以内に、それに教育、公共料金、住宅・インフラを加えた総合評価では、全国3位の評価をいただいた。さらに、生涯スポーツ社会構築の拠点施設として改築した市民体育館は、(社)照明学会の照明普及賞を受賞するとともに、埼玉県産木である「西川材」を屋根などの構造体に利用した、個性的かつ機能的な建築として大変優秀との評価を受け、木材利用推進中央協議会主催の優良木造施設表彰（最高位：農林水産大臣賞）を受賞した。

　こうした行政サービスの内容や市のシンボルとなる施設等が第三者機関による客観的な調査等によって高い評価を得てきたことは、これまで積み上げてきたまちづくりへの取り組みが認められたことの表れでもあると、私自身はもとより職員にとっても大きな励みとなっている。また、市民にとっても誇れることではないかと思っている。

　今、行財政改革、市町村合併等々大きな変革期を迎え、どの自治体も大変苦慮されていることと思う。本市でも行政だけではとても対応できない課題が山積するなか、市長就任以来一貫して打ち出してきた「あなたが主役のまちづくり」をさらに進めた、市・市民、団体、事業者の相互理解による「みんなでつくる」という協働意識のもとでのまちづくりを積極的に進めている。市民の持つ力とともに、大学のもつ情報、ノウハウはまちづくりには不可欠であることから官学連携にも力をいれており、母校中央大学をはじめ市内各大学のご支援には、心より感謝している。また、こうした変革の時代だからこそ、埼玉県市長会長、そして全国市長会へと広がった活動の場に加え、さらに今回設立された「白門市長会」を通じて一層強固になったネットワークは、私にとって大きな財産である。

　本市は、恵まれた自然環境と都心部から30km圏内といった「地の利」、そして様々な分野で活躍される多くの市民、知恵と若さをもった大学など「人の利」をも兼ね備え、まだまだ大きく発展するポテンシャルを秘めた素晴らしいまちだと自負している。

航空記念公園から見る中心市街地の街並み

こうしたネットワークから多くを学びながら、私自身が生まれ育ったこのまちの持つ多彩なポテンシャルを活かし、住んでみたいまち、住みつづけたいまち所沢、また「ふるさと所沢」として全国に誇れる魅力と風格のあるまちを目指して、「明るく元気に」日々挑戦し続けていきたいと思っている。

　結びに、白門市長会並びに会員各位各市の益々のご発展をご祈念申し上げペンを置くこととしたい。

[略　歴]
昭和36年3月　　中央大学商学部卒業
昭和46年5月1日　所沢市議会議員(連続2期)
昭和54年4月30日　埼玉県議会議員(連続3期)
平成3年10月30日　所沢市長就任(現在4期目)

〈主な役歴〉
(全国市長会)
全国市長会副会長(平成16年)、同相談役(平成17年～)、全国市長会関東支部支部長(平成15年)、同顧問(平成16年～)、(財)全国市長会館評議員、(財)地方自治情報センター　本人確認情報保護委員会委員
(埼玉県)
埼玉県市長会会長(平成15年～)、埼玉県公民館振興市町村長連盟会長、彩の国さいたま人づくり広域連合連合長、埼玉県都市計画協会会長、埼玉県道路協会会長、(財)埼玉県市町村振興協会理事長、(財)埼玉県自治会館理事長、(財)埼玉県暴力追放・薬物乱用防止センター理事長

飯能市（埼玉県）

エコツーリズムと森林文化都市―飯能(はんのう)

飯能市長　沢辺瀞壱
（昭和39年卒）

　私は、昭和39年法学部法律学科を卒業し、県庁勤めや家業従事（自動車学校）の後、市議会議員1期、埼玉県議会議員3期10年経験しました。
　その後、平成13年8月8日から飯能市長に就任し、市民とのパートナーシップを政策の柱として市政を行ってまいりました。1期4年が経過し、本年7月には、市民の信託を受け2期目の選挙に当選を果たし、市政を続投していくことになりました。
　飯能市では、白門会の組織がしっかりしていて、会長さんを中心に先輩後輩の皆さんが私の政治活動を支えてくれています。

我がまち飯能の歴史

　飯能市は埼玉県の南西部に位置し、東京都心からは約50kmの圏内にあります。三方を緑豊かな武蔵丘陵に囲まれ、高麗川、入間川、成木川の水面が光り輝く県立奥武蔵自然公園の玄関口で「緑と清流のまち」そして「ハイキングのまち」として、脚光を浴びております。市を南北にJR八高線が走り、東西に西武池袋線、西武秩父線が走る大都市近郊の静かな小都市で、本年1月1日に、隣村の名栗村と合併して人口8万5,000人の「新生飯能市」が誕生しました。

市域の約76％が山地部で、主に市の中心部より西側にあります。残りは平地部で、市の東側にあたり、市街地を含めて都市化の影響が強く、年々まちの様相が変化している地域です。

飯能地方が日本の歴史に登場したのは「続日本記」に記された奈良時代の716年、1,799人の高麗人が移住し、高麗郡が開かれたことに始まります。高麗人の移住によって、大陸の新知識が導入され、農業、工業、牧畜、窯業等の産業と文化の水準が飛躍的に向上しました。

江戸時代は幕府の直轄領となり積極的な農業政策によって、新田の開発、耕地の開拓が盛んに行われ、また、江戸の町の建設には多量の木材を必要としたため、交通至便な地にある飯能地方の木材は、河川を利用して筏により運ばれました。この木材は江戸の西の方から来ることから「西川材」と呼ばれて高く評価され、現在の林業、製材業の基礎となったものです。

明治15年に飯能町となってから、幾たびか近隣の村と合併し、昭和29年に埼玉県下で9番目の市制を施行しました。

平成8年3月に電化されたJR八高線と、平成10年3月に営団地下鉄有楽町線が乗り入れたことによって、都心までのアクセスが一段と便利になりました。公団や民間の宅地開発、あるいは、土地区画整理事業等の都市基盤整備も着々と進み、地方都市として発展を続ける中で、広域な市内の随所には国や県、市の指定を受けている重要な文化財も数多く存在し、市民等によって大切に守られております。

近年は、首都圏に残されている美しい自然や文化遺産を巡る「関東ふれあいの道」をはじめ、森林浴をしながら老若男女が親しめるハイキングコースもたくさん整備し、名栗村との合併によって温泉施設である「さわらびの湯」や「名栗湖（有間ダム）」、1,300m級の山々も加わり、文字どおり山紫水明の地で、自然環境と観光資源がさらに整ってまいりました。

目線は市民に、視点は未来に

私が飯能市長に就任し、1期4年が過ぎましたが、この間、市政運営の不透

明さを無くすことや、情報公開をより積極的に行い、市民参加によるまちづくりを推進していくこと、そして、財政の健全化についても財政改革・行政改革を進めて、市役所職員を含め、市の行政に携わる人達の意識改革を行ってまいりました。できるだけ市民と近い位置で行政をしたいという思いもありましたので、「目線は市民に、視点は未来に」という基本姿勢で取り組むこと。またスピードある対応も行政手法の1つとして取り組むよう職員に強く指示してまいりました。その結果、職員の行動にも変化が現れ、市民を中心に据えた事業に取り組む姿が現れてまいりました。

　一例を挙げますと、48年の伝統を誇った「奥むさし駅伝競走大会」が、諸般の事情により中止となったものを、復活させたこと。

　また、3回目にして「オールジャパンウォーキングカップ埼玉県認定大会」「日本市民スポーツ連盟（JVA）認定大会」「美しい日本の『歩きたくなる道』500選認証コース」のお墨付きを受けた「飯能新緑ツーデーマーチ」の創出、そして、第59回国民体育大会「彩の国まごころ国体」ホッケー競技会の運営は、まさに市民と感動を共有したものでありました。いずれの事業も、大会を運営する上で、体育協会や自治会等の市民の力が非常に大きなものになりましたが、これらの事業をやり遂げたことの満足感や達成感は、参加した人達だけでなく、事業に携わった多くの市民とのふれあいも生まれ、みんなの心が一つになったという感じがしました。何よりも、事業の成功はもとより、市民参加による運営ができたこと、すなわち市民の力を結集して実現できたということで、今後の市政運営にとって大切な糧になったと思います。

エコツアーのまち飯能を目指して

　本年4月1日に「森林文化都市宣言」を行いました。飯能市は先の合併により、市域の76％が山間地域となりました。江戸時代には杉や檜の「西川材」生産地として、産業の中心でもありましたが、現在は外国産材に押されて国産材の需要が落ち込み、手入れの行き届いた森林が少なくなってしまいました。

　しかし、もともと飯能市は豊かな自然とともに文化や情感が育まれてきたこ

とを考えるとき、林業振興や山間地振興は市政運営の中で最も重要な施策として捉えていかなければならないと考えます。本市は入間川、高麗川の水源を抱えることから森林の持つ様々な機能、例えば保水機能、水源かん養機能、山地災害防止機能、そして湖沼、渓谷等と一体になって優れた自然美を構成する機能などを総合的に発揮させ活性化に導いていくことでありますが、その達成までには極めて長い時間が必要となってまいります。自然に恵まれているということは、飯能市の特徴であり財産であります。その恵まれた自然を大切に守っていくことは非常に重要なことであり、市民にもこのことをしっかりと認識していただかなければなりません。そのために、平成16年に「飯能市環境基本計画」を策定し、それに基づいて「環境市民会議」を発足させました。それぞれの立場で論議していただき、飯能市の環境に対する意識の共有化、平準化を見出していただくとともに、市民に対してアピールをしていただいております。また、環境省が進めるエコツーリズム推進モデル事業に、全国13のモデル地区の一つとして指定を受けました。飯能市の自然に大勢の人達に触れてもらいながら、地域おこし、まちおこしのため関係団体や地域の人達と連携を図りながらエコツアーのプログラムを作り、「エコツアーのまち飯能」を全国に発信すべく取り組んでおります。

住んでよかったまち

「飯能市に住んで良かった」と感じてくれるようなまちづくりを常々心がけてまいりましたが、十分でないところも数多くあります。いずれの地方自治体も財政的に重要な局面を迎えている現在、行政経営は非常に難しい時代になっております。

　市民生活に欠かすことのできない道路網整備や土地区画整理事業等の都市基盤整備事業、少子高齢化対策を始め年々増えつづけている福祉政策、青少年の健全育成が問われている教育分野の政策、就業先が深刻な雇用問題、火災、自然災害、悪徳商法、食の安全など不安解消のための安心・安全なまちづくりなど様々な課題があります。

それらの課題に取り組むため、平成18年度から「第四次飯能市総合振興計画」がスタートしますが、現在の社会情勢、経済情勢を踏まえ「確実なまち」のフレームを設定し、各分野の計画をしっかりと立てていかなければなりません。これからは、地方分権の確かな歩みと行・財政改革への取り組みが不可欠でありますし、行政を担う市職員の意識改革はさらに重要であります。基本的には従来の行政経営から脱却した「もの・ひと・かね」を生かした、明確な意思の反映である行政経営に転換していかなければならないと考えます。市民のために、市民と共に「暮らしにやさしいまちづくり」を、2期目の目標にしたいと考えております。
　白門会の皆様にも、ぜひご支援賜りますようお願い申し上げます。

[略　歴]

昭和39年3月	中央大学法学部法律学科卒業	昭和60年5月5日	飯能市議会議員(平成元年5月4日まで1期)
昭和39年4月	埼玉県庁採用(昭和41年3月退職)	平成3年4月30日	埼玉県議会議員(平成13年6月25日まで3期途中)
昭和41年4月	(株)飯能自動車学校就職		
昭和53年1月	(株)飯能青年会議所理事長(同年12月まで)	平成10年5月21日	飯能商工会議所会頭(平成12年10月24日まで)
昭和55年8月	(株)飯能自動車学校代表取締役就任	平成13年8月8日	飯能市長

墨田区（東京都）

すみだを語る

墨田区長　山﨑　昇
（昭和44年卒）

歴史と人情のまち

　相撲の殿堂・国技館に響き渡る5,000人の第九コンサート、桜橋や隅田公園を舞台とする墨堤さくらまつりや早慶レガッタ、東京の夏の夜空を彩る隅田川花火大会、本所・向島の名が示すまちの佇まい等々。墨田区の魅力を端的に表現するならば、「歴史と伝統、豊かな文化を今に受け継ぎ、人情味あふれる人々や地域のコミュニティ、さまざまな産業が根付くぬくもりのあるまち」と言うことができます。

　東京の下町、隅田川の東部に位置する墨田区は、面積13.75km²、人口約23万人、東京23区の中では、比較的小規模な自治体です。江戸時代から、区南部は本所と呼ばれ、幕府の開発によって縦横に区画整理されて、武家屋敷を中心に町人・職人が集まり住むまちとなりました。

　一方、区の北部は向島と呼ばれ、農村地帯が広がって江戸市中への食糧供給基地となるとともに、江戸市民の遊覧の地として、特有の文化を育みました。成り立ちは異なりますが、それぞれ明治維新以降さまざまな産業が発展し、日本の近代化に大きな役割を果たしてきました。

　そして、昭和22年に本所区、向島区が合併し墨田区が誕生してからも、都市部における中小製造業の一大集積地として発展を遂げてきました。

すみだらしさをつくる

　先ほど、すみだを代表するイベントとして、隅田川花火大会や、早慶レガッタを挙げたとおり、当区は、隅田川・荒川といった大河川や、中小の内河川が区内を縦横に流れる水資源豊かな地域です。このため以前は、台風による洪水など、治水対策に追われる一方、水と親しみ、水に遊ぶ歴史と、粋な文化を楽しむゆとりも、また持ち合わせていました。いわば、よくも悪くも、区民生活と川とは切っても切れない関係にあります。

隅田川を舞台に繰り広げられるイベント（ウォーターフェア隅田川レガッタ）

　当区では、平成17年、昭和55年に策定された基本構想を改定し、新たな基本構想を策定しました。この新・基本構想は、20年後の2025年に墨田区が実現させたい将来像を描くものです。この中で、まちづくりの基本理念として、「水と歴史のハーモニー～人が輝くいきいきすみだ」というキャッチ・フレーズを掲げています。この基本理念も、当区が隅田川をはじめ豊かな水辺に恵まれ、江戸からの歴史や文化が薫るまちであることを確認し、その中で、人々がいきいきと躍動する姿を20年後の将来像としてイメージしています。

　そして、これらすみだの魅力を今に生かし、将来にわたって高めていくことにより、「すみだらしさ」を確立し、「すみだに住みたい」、「すみだで働きたい」、「すみだを訪れたい」と思うまちにしていくことを目標に、様々な施策を展開していくことにしています。

　さらに、この新・基本構想では、こうしたまちづくりの手法として、「協治（ガバナンス）」という考え方を前面に打ち出しています。協治とは、区民・地域・NPO・企業などと区が、それぞれに果たすべき責任と役割を自覚しながら、対等の立場で協力し、地域の課題解決を図る社会のあり方をいいます。こ

れは、この基本構想が、「区役所の基本構想」ではなく、「区民全体の基本構想」として機能することを担保したものといえます。

雨水利用の先進自治体として

墨田区と水との関わりというと、当区が先進的に取り組んでいる「雨水利用」について触れないわけにはいきません。

毎年、台風シーズンには、各地で豪雨による大きな被害が伝えられています。特に最近では、台風などによる集中豪雨により、都内でも床上浸水などの大きな被害が発生しています。

こうした集中豪雨での被害では、河川から水があふれるのに加え、下水道管からの逆流があるのも原因と見られています。予想を超える降水量の場合、雨水を下水道管にすべて流すのには、限界があります。

本区では、以前から、家の屋根やビルの屋上に降った雨水をタンクに溜め、トイレの流し水などに活用していく雨水利用を提唱し、タンクを設置した区民に補助を行ってきました。被害の大きい地域に、この雨水利用がもっと普及していれば、と改めて感じています。まさに今、水の危機管理が必要な時代になっているのです。

世界の水危機について話し合われた雨水東京国際会議（2005年8月）

こうした中、当区では、平成17年8月、「つなごう世界、救おうアジアの水危機」をテーマに「雨水東京国際会議」を開催しました。この会議は、世界各地で起こっている洪水と渇水の問題や、安全な飲み水の不足など、より深刻化する世界の水危機に対し、世界の英知を集め、その対策に知恵を絞ろうというもので、世界から多くの人たちの参加をいただくことができました。

安全・安心のまちづくりのために

　さて、首都圏において、今、最も警戒しなければならないのが、首都圏直下地震による被害です。特に最近は、福岡県西方沖地震をはじめ、千葉県北西部地震や宮城県沖地震など、震度5以上の地震が多発しています。改めて首都直下地震の逼迫性が増しており、この東京でも、いつ大地震が発生してもおかしくない状況にあります。

　本区は、今なお木造家屋の密集地域も多く、災害発生時には、市街地大火の危険性が危惧されています。また、かつて関東大震災では甚大な被害を受け、多くの人が地震のもたらした火事の犠牲となりました。一方、近年の地震による被害実態は火災よりも、家屋がつぶれたり、家具に押しつぶされたりしてケガをすることが多いことも分かってきました。

　そこで本区は、これまでの不燃化対策を中心とした「逃げないですむ、燃えないまちづくり」に加え、家具の転倒防止器具の取付けや耐震改修の助成など、「壊れないまちづくり」を加味した防災対策の充実に努めているところです。

公務員もまた市民の一員として

　さて、こうした区政の課題解決に際して、私が首長として、常々職員に伝えていることは、「区民の目線に立って仕事をしてほしい。」ということです。先ほどの雨水利用も、大雨のたびに下水道から水が逆流するという都市型洪水から地域の人たちを救いたいという区職員の発案がきっかけでした。

　これは、自治体職員が行政権力の一員として職務に当たるというより、まず住民の立場に立ち、住民としての感覚と意識を持って、それを政策形成につなげていくという一例です。こうした考えは、職員は職員である前に、まず一人の市民である、という当たり前の事実に立脚しています。

　これからの自治行政は、それぞれの地域において、いかに住民と共感し、住民が真に必要とする施策を創造できるかが、大きな鍵となります。こうした視

点に立って、私も区長としての職務に臨んでいこうと考えています。

［略　歴］
昭和44年3月　中央大学法学部卒業　　　平成7年　墨田区助役
昭和39年　墨田区役所勤務　　　　　　平成11年　墨田区長(現在、2期目)
平成3年　墨田区企画経営室長

世田谷区 (東京都)

84万の区民とととともに

世田谷区長　熊本 哲之
(昭和38年卒)

安全・安心まちづくりは人づくり

　私が世田谷区長に就任して、早いもので3年目を迎えました。「官から民へ」「国から地方へ」という行政改革の時代にあって、使命感をもって区政の舵取りに日々奔走しています。

　就任当初から先駆的に取り組んだ「安全・安心まちづくり」は、治安の悪化等により、今ではどの自治体でも当たり前の施策となっています。先日、歳の離れたお子さんを子育てしている方に、10年前と何が変わったかを尋ねたところ、小さな子どもをひとりで遊ばせることに躊躇するとのことでした。昨今は、子どもを取り巻く事件や事故も多く、子どもを自由に遊ばせたくても、いつ何が起きるかわからないという不安に結びついてしまうのは、非常に残念なことだと思います。

　世田谷区では、区民の生命と財産を守ることを最優先課題として捉え、重点パトロールや防犯カレッジ等を実施し、区民参加を得ながら積極的に取り組んでいます。就任当時と比較すると区内の犯罪件数も減ってきたものの、最近はまた、注意を払わなければならない状況にあります。当区の場合、区民の「自らのまちは自らで守ろう」という意識が高く、各地域で区民主体の防犯活動が開始されたことは、何よりも心強く頼もしく感じています。

また、地震や豪雨などの自然災害は、予想が非常に困難です。9月初旬の集中豪雨では、区内でも床上浸水など被害を被る結果になってしまいました。こうした大変な状況の中で、すぐに行動したのはまちの方々です。炊き出しをするなど、お互いを支えあう区民の方々の行動力には、頭の下がる思いでした。こうした教訓から、区としても、情報伝達の手法や初動体制を強化するため、万全な体制づくりにいち早く着手したところです。

　人としての関わりが希薄化する中にあって、コミュニティを強化していくのは難しいかもしれませんが、いざという時には、特に地域の人々の結びつきが必要になります。行政と区民とがそれぞれ役割分担をし、協働することにより、地域の絆を強くすることができる「世田谷の安全・安心」を区の大きな柱のひとつとして推進していきたいと考えています。

「対症療法型」から「予防型」行政へ

　私は、将棋や囲碁が好きですが、最近は、なかなかゆっくりと盤に向き合う時間が減ってしまい残念に思っています。将棋は相手がどう打ってくるか、次の一手をどうするか先を読むことで勝敗を分けます。

　区政運営にも先見性が求められることは言うまでもありません。これまでは、問題が発生してから対応しているケースが多いと思いますが、これからは事前に問題を防ぎ、または、支障となる点を少なくするよう対応する、予防型の行政をめざしたいと思います。

　例えば、万が一の災害の備えた住宅の耐震等についての相談事業など「減災対策」を進めています。また、認知症の予防については、他機関との合同研究により先駆的に実施したプログラムの評価が報告され、今後これを活かして、新たな展開をしていく予定です。

　こうした予防型の取り組みが、世田谷区の将来像を変えていくのではないかと思うとともに、一歩先を読んだ施策を世田谷から発信したいと考えています。

　併せて、役人の常識で考えず、区民の目線に立ち、まずは話を伺い、現場に

出向き、スピード感をもって対応できる職員を育成したいと思います。また、区政のために新たなアイディアをどんどん出してほしいと、職員には叱咤激励を繰り返しています。

児童館子育てひろばにて

小さな靴が迎えてくれる‥

　世田谷区の魅力はたくさんあり一言では言い尽くせません。国分寺崖線などの緑も多く、商店街も元気で、文化の薫り漂う暮らしに潤いのあるまちだと自負しています。今後は「スポーツの世田谷」もめざしていきたいと思案しているところです。

　17年度に実施した区民意識調査によると、8割近い方が世田谷区に住み続けたいと回答しています。「世田谷に愛着がある」「世田谷が好き」など、区民にいつまでもここで暮らしたいと思っていただくことが何よりも大切です。そのためには、何よりも暮らしが安全で、潤いや安心感をもって生活していただく事が重要であると思います。

　区では、地域の絆を確かなものにするため、地域コミュニティの活性化を支援する事業や在宅介護支援センターと連携して、ご近所やボランティアの方がひとり暮らしなどの高齢の方を見守るためのネットワークを構築しています。

　数年すると団塊の世代が退職します。自分の趣味やライフスタイルをきちんと持った世代ですが、生涯現役として地域活動や区の事業にも参画していただくことが、区政にとっても大きな鍵になるでしょう。その点を踏まえ、当区では、今後10年間を展望した区政運営の指針となる基本計画を、今年4月にスタートさせました。行政改革を進めながら、84万区民とともに「魅力あふれる安全・安心のまち世田谷」の実現をめざしていきたいと考えています。

忙しい一日が終わり、帰宅して玄関に入ったときに、孫の小さな靴を目にする。なんともいえないほっとした気分に変わります。
　未来を担う子どもたちが、健やかに育つ地域社会であるよう、私はこれからも、世田谷区政に全力を尽くしてまいります。

［略　歴］
昭和38年3月	中央大学卒業	昭和63年12月	新都庁舎建設特別委員会委員長（～平成元年7月）
昭和32年7月	衆議院議員賀屋興宣秘書（～昭和47年12月）	平成7年2月	地方分権推進特別委員会委員長（～同年9月）
昭和52年7月	東京都議会議員（～平成11年3月まで6期）	平成7年9月	第35代都議会議長（～平成9年7月）
昭和57年9月	公営企業委員会委員長（～昭和58年9月）	平成15年4月	世田谷区長

板橋区（東京都）

環境都市「エコポリス板橋」の取組み

板橋区長　石塚　輝雄
（昭和28年卒）

はじめに

　白門市長会の創立、大変に喜ばしく感じております。昨年11月10日に岡山県津山市の中尾嘉伸市長の呼びかけで準備会が開催されて以来、創立にあたっては、会長に就任された青森県むつ市の杉山粛市長、顧問に就任された西川政善前小松島市長をはじめ、多くの関係者の皆様に並々ならぬご尽力をいただきました。深く感謝しております。私も副会長を拝命し、身の引き締まる思いです。母校中央大学の「時流に迎合しない批判精神、経験と実践を重んじる学風」に則り、白門市長会及び母校中央大学の名を、より高めていくよう、一層研鑽に努めてまいります。

　思い起こせば、東京23区の特別区長（会）は、平成12年4月1日の都区制度改革の実現を受け、翌年の平成13年6月7日、全国市長会に加入をさせていただきました。以来、会員市長をはじめ関係者の皆様には、温かいご配慮、多大なるご協力をいただいております。この場をお借りして、厚くお礼を申し上げるとともに、今後とも、なお一層のお力添えを、よろしくお願い申し上げます。

板橋区の紹介

　私が区長を務める板橋区は、東京23区の北西部に位置し、面積は、東京23区

で9番目の32.17km²、東西に最大で7.1km、南北には6.7kmの広がりを持っています。

平成17年7月1日現在の住民基本台帳によれば、世帯数は25万2,356世帯で、人口は50万7,886人、また、外国人登録では、9,005世帯、人口は1万5,500人で、いずれも東京23区で7番目の規模、区民の約3.0％が外国人という状況です。

3階級別の人口では、0～14歳の年少人口が5万7,846人・11.4％、15～64歳の生産年齢人口が35万7,651人・70.4％、65歳以上の老年人口が9万2,389人・18.2％で、少子高齢化が進んでいます。この現象は、平成7年に初めて老年人口が年少人口を上回って以来、急速に進んでおり、区政運営においても、少子高齢化対策が重要な課題となっています。

区名の「板橋」という地名は、「源平盛衰記」や「義経記」の一節に、今から約825年前の西暦1180（治承4）年に源頼朝が滝野川「板橋」の地に布陣したと記されており、これが、歴史上、最も古い記述とされています。しかし、地名発祥の由来については、明確な史料はなく、一般的には、中山道が石神井川を横切る地点にかけられた木の橋を「板橋」と呼んだことによると言われています。

明治維新を経て、板橋地域は東京府に編入され、明治22年に、町村制実施により板橋町・上板橋村・志村・赤塚村にそれぞれ役場を開設し、その後、昭和7年の市郡合併により隣接2町7村の区域を合わせて東京市の管轄下となり、東京市35区の一つとして「板橋区」が誕生しました。戦後の昭和22年には、特別区制度の実施に伴い、板橋区もその制度下に置かれました。また、その年には、面積の約60％を分離して練馬区が生まれ、現在の「板橋区」が形成されました。

また、板橋区は、戦前から、都内でも有数の工業地域として発展してきた地域で、今でこそ多くの工場が区外に移転しましたが、高度経済成長期には、大気汚染や水質汚濁・光化学スモッグ等の公害に悩まされてきました。その後は、工場公害に代わり、自動車公害が大きな問題となり、特に、中山道・環状

7号線・首都高速が3層になって交差する「大和町交差点」は、その大気汚染が全国ワースト1を記録するという、深刻な状況となっていました。

公害対策と「エコポリス板橋」環境都市宣言

　深刻な都市公害に対応するため、板橋区では、昭和40年に東京23区に先駆けて公害係を設置、昭和44年には公害対策課を設置する等、公害対策に力を注いできました。これらの取組により、昭和50年代の後半には工場公害は大きく改善されましたが、昭和60年代以降は、家庭排水等による水環境問題や、ごみ・近隣公害・放置自転車・カラス・ヒートアイランド現象等、新たな都市公害の問題が生じてきました。

　これらに対応するため、昭和62年「快適環境懇談会」を設置、平成2年には「快適環境ガイドライン」を策定し、板橋区の新たな環境行政が始まりました。

　自動車公害に対しては、昭和62年度に低公害車の普及事業として区有車にメタノール車を導入したのを皮切りに、平成2年度からは低公害車民間導入助成制度を開始、全国自治体の先駆けとして、低公害車社会の構築に大きな役割を果たしました。

　平成4年には、リサイクル条例（東京都板橋区資源の有効利用の推進に関する条例）を制定し、区民・オフィス・商店街等との協働により、様々な廃棄物ゼロに向けた取組みを開始しました。

　平成5年には、板橋区の環境施策の憲法「エコポリス板橋」環境都市宣言を行いました。この宣言は、環境問題を地球規模で捉えており、区民を主体とした、先進的な内容となっています。

　　　　　　　　「エコポリス板橋」環境都市宣言
　板橋区民は、真に快適な環境を創造するために、人と環境が共生する都市「エコポリス板橋」の実現を目指していくことをここに宣言する。
　1　毎日の生活が地球環境に影響を及ぼしていることを認識し、地球市民

> として行動する。
> 2　リサイクルの推進やエネルギーの節約に努め、地球資源を大切にする。
> 3　みどりや水、空気を大切に守り、様々な生物が共に生きていける環境づくりに努める。

環境都市「エコポリス板橋」の取組み

　環境都市「エコポリス板橋」のキーワードは、「環境に良いと考えられる施策は何でも試みる」です。このキーワードに基づき、数々の施策を展開しています。

　平成7年4月1日、環境問題について理解を深め、地球に優しい生活様式を学ぶために開設した「エコポリスセンター」は、今年10周年を迎えました。

　平成11年2月に都内の自治体で初めて取得した環境マネジメントの国際規格「ISO14001」も、平成15年12月には清掃事務所にまで拡大し、区の全施設で地球環境問題の解決に向けて取り組んでいます。

　大和町交差点の環境問題についても、光触媒による大気汚染の浄化事業や、大型換気設備の設置、土壌を利用した大気の浄化事業、平成16年度には交差点の一角をオープンスペース「夢パーク」として整備する等の取組により、全国ワースト1の汚名を返上することができました。

　区民との協働については、平成11年2月、区民の良好な生活環境の確保を目的として「エコポリス板橋クリーン条例」を制定した他、平成13年10月には「エコポリス板橋環境行動会議」を設置、区内の18地域ごとに「エコポリス板橋地区環境行動委員会」も設置され、区民の自主的な環境行動も広がりを見せています。

　教育の分野でも、区内全小中学校をエコポリスセンターと回線で接続して環境教育の推進に努めています。また、区立板橋第七小学校で平成15年度に開始した「緑のカーテン」事業は、多方面から大きな注目を浴びました。この事業は、教室の夏場の直射日光をツル性植物のヘチマやキュウリ等で覆うことで、

植物の蒸散作用も加わり、教室の室温を3度から4度引き下げる試みで、平成16年11月27日には、環境省の「地球温暖化防止環境大臣賞」を受賞した他、12月11日には、この活動を作文にした同校6年生の作品が、全国コンクールで「総理大臣賞」を受賞しました。
　今年度も、平成17年2月16日（水）に発効した京都議定書に対応するための地球温暖化対策地域推進計画の策定や協議会の設置、区民や事業者を対象とした環境マネジメントシステム「板橋エコアクション」の創設、学校の校庭の芝生化等、数々の環境施策を展開していきます。
　また、来年1月には、区内で回収したびん・缶を資源として安定的かつ円滑に処理することを目的に平成15年6月から工事を行ってきた「リサイクル施設」が開設します。この施設は、単なる資源化施設ではなく、風力発電・太陽光発電、屋上緑化・壁面緑化等も取り入れた、生きた情報の発信拠点としての機能も有する、板橋区におけるリサイクルの拠点となる施設です。
　今後も、環境都市「エコポリス板橋」実現のため、区民・事業者との連携・協働により、地球環境の改善に向け、力を注いでいきたいと考えています。

特別区制度の変遷

　冒頭にも触れましたように、特別区は平成12年4月の「地方自治法等の一部を改正する法律」によって晴れて念願の基礎的地方公共団体に法律上明確に位置づけられました。
　ここに至るまで半世紀に及ぶ自治権拡充運動がなされたわけですが、これまでの特別区制度改革の変遷の概要について紹介させていただきます。
　戦後、特別区は昭和22年5月の地方自治法の施行により特別地方公共団体とされ、原則として市に関する規定が適用されるとともに区長も引き続き公選によるものとされました。
　しかし、特別区について東京都は条例で必要な規定を設けることができるとされ、課税権についても地方税法では特別区に課税自主権を認めず、東京都の条例の定めるところにより、東京都の課する税の全部または一部を特別区税と

して課することが認められているに過ぎませんでした。

　これから5年後の昭和27年8月の自治法改正では特別区はさらに大幅に自治権を制限されることになります。区長公選制の廃止のほか、大都市行政の統一的効果的運営を図るという理由の下に特別区は限定列挙された項目の事務を処理する東京都の内部的な特別地方公共団体とされました。

　しかしながらその後、東京への人口・産業の集中化が進むことにより東京都の行政は複雑・膨大化し、一つの経営体として円滑・能率的な運営が困難となり首都として大都市の機能を十分に果たせない状態が生じはじめました。この事態を打開するため、昭和39年7月に自治法が改正されました。この改正の基本的な考え方は、住民に身近な事務を特別区に移し東京都は総合的な企画立案や大規模な建設事業、特別区及び市町村の連絡調整に専念するというものです。具体的には、特別区が処理する事務項目を10項目から21項目に増やし、福祉事務所、生活保護事務等が東京都から移管されました。課税権も特別区民税として地方税法に法定化されたほか、都区間及び特別区相互間の事務処理の連絡調整のための都区協議会が設置されました。

　しかし、昭和40年代に入ると区長準公選条例の制定を求める直接請求が多くの特別区で続出するなど、区長公選復活を求める動きが活発化しはじめました。

　こうした中、昭和49年6月自治法が改正され、特別区長の公選、個別法で都が処理するものを除き特別区は市の事務を行うこと、保健所設置並びに建築規制に関する事務の実施等が規定されました。

　それでも、この改正では特別区は憲法上の自治体ではなく、東京都の内部団体的性格は依然残されたままでありました。

　そこで、特別区長会は諮問機関として特別区調査会を設置し、五次にわたる答申を受けました。東京都においても、知事の諮問機関として都制度調査会が設置され、新しい都制度のあり方について報告がなされました。これらの提言をもとに都区間で協議が重ねられ、昭和61年2月の都区協議会で都区制度改革の基本的方向が了承されることになります。ここにおいて、都区制度は、大都

市東京の特性に相応した二層による自治制度が必要であることが示されることとなりました。

一方、国においても昭和63年9月第22次地方制度調査会が発足し、平成2年9月には都区制度改革に関する答申が内閣総理大臣に提出されましたが、その内容は都区の合意を追認したものでありました。

しかし、ここにおいても、特別区は都の内部的団体としての性格は払拭しているものの、都区制度の枠組みの中での改革を脱するまで踏み込むには至りませんでした。

それでも都区は、この第22次地方制度調査会答申の改革の実現のため、平成6年6月には「特別区における清掃事業の実施案」をとりまとめるとともに、9月には「都区制度改革に関するまとめ」について合意し、12月に都知事と区長会とで自治法改正について自治大臣に要請を行いました。

その後、特別区は早期の法改正に向け、清掃をはじめとする移管事務事業等の受け入れ、税財政制度改革の準備などを精力的に進めます。

さらに、法改正に向け、関係機関への働きかけを強めるとともに自治省の求める清掃事業の法制的・実態的な移管に対し最大限の努力を傾けました。

こうした経緯を踏まえた後の平成9年12月、都知事は区長会会長、議長会会長とともに自治大臣に法改正を要請します。

この要請を受け、自治大臣は特別区を基礎的地方公共団体として位置づけること、特別区の財政自主権を強化すること、清掃事業をはじめとする住民に身近な事務を特別区に委譲することを柱とする改革を平成12年4月実施を前提とした法案提出意向を表明するに至りました。

平成10年4月、この法案は可決し5月に公布されました。

このような経緯をたどり、特別区は平成12年4月市町村と同様法的に基礎的な地方公共団体に位置づけられたのであります。

しかし、今日この平成12年改革は完成されていません。未だ都区間においては、都と区の役割分担並びに財源配分について5つの主要課題が未解決のままであり、現在鋭意協議がなされている状況にあります。

以上、特別区の自治制度の変遷を概括いたしましたが、都区制度改革は平成12年の改革が完遂した後も、さらに新たな展開に向けた議論がなされていくと思われます。そうではあっても、特別区には首都東京の基礎的自治体として先見性と機動性を発揮する住民に密着した行政の推進が期待されており、住民のこうした要請にこれからも真摯に応えていくことが特別区長の使命と考えております。

[略　歴]

昭和28年3月	中央大学法学部卒業	平成3年4月	東京都板橋区長(現在4期目)
昭和23年7月	東京都民生局総務課		
昭和47年7月	東京都板橋区総務部長	平成11年6月	東京メトロポリタンテレビジョン(株)非常勤取締役
昭和50年5月	東京都総務局同和対策部長		
昭和52年7月	東京都中央卸売市場管理部長	平成12年6月	全国民俗芸能保存振興市町村連盟会長
昭和54年7月	東京都総務局理事	平成12年6月	学校法人大東文化学園評議員
昭和54年7月	東京都板橋区助役(昭和62年7月まで3期)	平成13年7月	東京都市区長会役員
		平成13年7月	全国市長会評議員

足立区（東京都）

進化する自治体を目指す足立区からのメッセージ

足立区長　鈴　木　恒　年
（昭和32年卒）

　白門市長会の創立、誠におめでとうございます。会員の一人として心からお祝いを申し上げます。

　改めて申し上げるまでもなく、現在、わが国は分権・改革の激流の中を進んでおります。日本はこれからどのような国になるのか、多くの国民がその行方を注視しております。わが国が置かれている困難な状況の中から、分権・改革という時代潮流の行方を遠望いたしますと、これからの自治体に課された使命と責任は大変に重要であり、このようなときに、白門市長会が創立されたことは誠に意義深いことと思います。

　このたび白門市長会の創立にあたり、一文を寄稿させていただく栄誉をいただきましたので、わがまち足立区の紹介をさせていただき、明日の自治を、そしてわが国の未来を担う全国の白門会市長の皆様と、希望と使命を共有させていただければ幸いであると思います。

　さて、足立区は平成14年度に区制70周年を迎えました。私も千住生まれの同い年（昭和8年2月ですので、同じ「学年」です）でありますが、昔と比べますと足立区も随分と変わったものだなとしみじみ思います。私は昭和24年3月に区役所に就職しましたが、当時の区の人口は24万6,000人でありました。その後東京郊外のベッドタウンとして昭和30年代から急速に都市化を遂げ、人口も

昭和30年で32万5,000人に膨らみ、さらに現在では64万6,000人と倍増いたしました。区の玄関口である千住地域を一歩出ますと、かつては田園風景が広がるのどかな時代もあったわけでありますが、現在では、今も荒川やその河川敷など都会にしては珍しいオープンスペースが残されてはいるものの、家や人と車が密集する都市へと変貌を遂げております。こうした変化は、戦後のわが国において、どこの地域にも多かれ少なかれ見られた光景であり、戦後日本の歴史そのものでもあるわけであります。

　そのわが国の歴史が、戦後の大きな転換点から、今、さらに大きく変わろうとしております。足立区は、東京23区の中でも人情味豊かな暮らしやすい土地でありますが、財政基盤や都市基盤などについては、その強化が必要であります。しかし、一方で、国と地方を合わせた借金が1000兆円を超えるといわれる状況にあっては、積年の構造的課題を解決することは至難であり、時間切れアウトということにもなりかねない状況であります。急速な都市化、特に若い世代が流入を重ねたわが区は、一時期、10万人を越える小中学生がおり、120校近い小中学校があったわけでありますが、その校舎がこれから順次改築期を迎えるわけであります。子どもの数が半減したことにより学校の統廃合を進める必要がありますが、そのようにしてもピーク時には毎年3校の学校改築を行わなければならない状況があります。100㎡を超える区の施設は360施設120万㎡あり、学校改築だけの問題ではありません。このほかにも道路などの都市基盤の更新を考えますと、あと数年を待たずして、足立区は投資的施策を何も打てない都市更新自治体になってしまいかねない状況であります。そして、このことは、おそらく多くの自治体に共通の課題なのではないでしょうか。

　そこで私は、区長になった翌年の平成13年6月に「区政、財政、社会の3つの構造改革を進める」ことを表明し、翌年の平成14年6月に「足立区の構造改革戦略」を策定し、これまで続けてきた行政改革をさらに深化させる改革に着手いたしました。とりわけ区政の構造改革については、民間経営手法の導入と自律的組織への転換、区民参画と協働を促進する体制作りを柱に3年間にわたり具体的な改革工程表を作成し取り組んできたところです。その結果、民間経

営手法の導入については基本計画に行政評価制度を組み込むことで、常に行政が外部評価にさらされ、そのための透明性を進める一方で説明責任を果たす体制作りを進めてまいりました。また、自律型組織への転換については、包括予算制度を導入し一般財源のほとんどを各部に枠配分をし、各部はその枠の中で前年度実施状況の評価を踏まえた事務事業見直しを行い、予算原案を策定するという庁内分権を徹底したのです。各部の自己努力による節減効果の一部はインセンティブとして翌年度の枠に積み増しするという工夫もいたしました。区民参画と協働の働きかけができる組織への転換については、平成14年暮れから開始した新しい協働型基本構想の策定があげられます。公募区民90名が小・中学生グループ、子育て中の親グループ、高齢者、外国人、団塊の世代など9つのグループに別れディスカッションし、9つの「太陽系基本構想」原案づくりを行ったのであります。この素案をもとに、区民グループの代表8人（小・中学生グループは除いた）を含む基本構想審議会を設置し、協働を基本理念とした足立区の新しい基本構想を本年4月より始動いたしました。

　協働は一つの手段であり手法であるわけですが、足立区ではそのことを踏まえつつ、さらにこれをこれからの成熟活性型社会を展望する上で、ひとつの到達点として捉えることとしたのです。従って、足立区では協働は手段であると同時に目標でもあります。行政が仕掛ける「協働」にとどまることなく区民レベルでの主体的な協働関係が息づく社会、これが、足立区の将来構想の中心イメージであるのです。

　なぜ、こうした方向性を指向するのかといえば、わが国が置かれている状況、すなわち市場化を中心としたグローバリゼーションの流れは、平成の黒船としてわが国に大きな地殻変動をもたらしつつあるからであります。もはや、官があるいは公が、これまで独占してきた領域を引き続き統治する正統性を主張し続けるには、それなりの理由を必要とするということであり、公が公であることの立証責任がいまや問われているということであります。また、これまで足立区が実際に取り組んできた経験から申し上げますと、民間の能力はわれわれ公共部門が思ってきた以上に有能であり有為であるということです。空理

空論ではなく、代替のプレーヤーが目の前にいるのですからこれは考え方を改めなければならない。この新しいプレーヤーとどのような関係に立てばよいかといったときに、チームの、すなわちわが国の利益、共通の目標を考えれば、そして彼には私にない力と技があるのであれば、これはパートナーとして迎えるしかないではないか、だから「協働」なのだということになったのであります。私も、いまや古い人間になりますから、行政の持つ責任を骨身に沁みて感じております。戦後の悲惨といってよい時代に、区民生活を守るという責任感を叩き込まれた経験から言えば、行政の領域を民間に譲り渡すことへの抵抗感がないといってはうそになるでしょう。母校中大の校風も、法曹を始め官界にも多くの実務家を輩出しており、そうした観点からいえば、どちらかというと改革系アカデミズムというよりは執行官庁型実務集団といった色彩が強いのではなかったかとも感じております。が、しかしより大きな視点と時代の流れを読めば、戦後あるいは明治以来の骨格を変える時期に今、わが国はさしかかっており、その時宜を見極め、最善の努力を一歩進めることが私たちの使命ではないかと考えております。

　さて、たいそうなことを申し上げてしまいましたが、はるか昔に口ずさんだ校歌の一節を口の端に浮かべていただければ、皆さんもきっと中大で過ごした青春時代のあの若く熱き血潮を思い出していただけるに違いありません。

　「いざ起て友よ時は今、新しき世のあさぼらけ胸に血潮の高鳴りや」この心で白門の名を栄えあるものとして継承しようではありませんか。

[略　歴]
昭和32年3月　中央大学商学部卒業
昭和24年3月　足立区役所入所収入役室
　　　　　　　勤務
昭和55年4月　総務部参事
昭和55年4月　社会教育部長
昭和58年7月　区議会事務局長
昭和61年11月　総務部長
平成元年4月　東京都足立区助役就任
平成8年10月　東京都足立区助役辞任
平成11年6月　東京都足立区長就任(現在、2期目)

葛飾区（東京都）

「明日の元気な葛飾」を創るために

葛飾区長　青木　勇
（昭和35年卒）

　私が白門を出たのが、病気による休学もあり昭和35年3月、翌年4月に東京都職員として採用され、葛飾区に配属されました。

　以来、職員として30年、そして、助役を経て、平成5年の初当選以来、3期12年の区長職も入れると、実に、通算して44年間も葛飾区政に携わっています。

　葛飾区と言えば「わたくし、生まれも育ちも葛飾柴又……」の名台詞で始まる松竹映画「男はつらいよ」の寅さんシリーズの舞台として、また、最近では、漫画の「こちら葛飾区亀有公園前派出所」のブームに乗って、一躍全国的に有名になりました。皆さんがイメージされる葛飾は、参道沿いに団子屋が軒を連ね、一歩はずれると、ガチャン・ガチャンと町工場が景気のいい音を響かせ、木賃アパートの窓には洗濯物と布団が所狭しと干されているといった、まさに、東京の下町の原風景そのものではないかと思います。

都立水元公園の花菖蒲

しかし、現実の本区は、東京駅から北東に約10km、電車を乗り継いで30分もかからないという絶好の通勤圏にあることから、都心に通うサラリーマンのためのマンモス団地をいくつも抱える一方、都内では珍しくなった農地の広がる田園地帯や大小の河川に面した自然の豊かな水辺環境、そして、町工場や商店街、住宅が密集した地区と、わずか34.84km²の面積の中に様々な地域が混在しております。

　そこに暮らす約43万人の区民も、口やかましいが物分かりの良い親父さんと世話好きな女将さんもいれば、住んでいる地域のことには全く関心を示さない会社人間や、生業と日々の暮らしに追われている人、権利ばかりを主張する人等々、価値観が多様化して、人情味あふれる"下町っ子"としては、なかなかひとくくりにはできません。ですが、地域を良くするための自治町会による防犯や防災活動には、誰もが積極的に参加するという一面もあり、そういう意味では、肩を寄せ合って暮らす下町ならではの助け合いや支え合いの心が生きています。

　私は、こういった皆さんの暮らしが少しでも良くなり、葛飾に住んでいて良かったと、小さくても幸せを感じていただけることを最優先に40有余年の公務員人生を歩んでまいりました。かつてバブル経済の絶頂期には、企画財政部門を担当し、音楽ホールや産業振興会館、市街地再開発等々、ビッグプロジェクトを次々と手掛けました。そして、バブル経済が崩壊した後、前区長が任期途中で失脚したのを受けて、平成5年12月に区長に就任しました。

　当時の財政状況は極めて悪く、このまま何らの策を講じないでいれば、自治体そのものの破綻に繋がることが確実視されていたときに、葛飾区政の舵取りを任されることになりました。

　以来、これまで3期12年にわたり、区政の信頼回復と行財政の基礎固めを目指して、公正で透明な、かつ、簡素で効率的な行政運営と景気に左右されない安定した財政基盤の構築に向けて、平成10年11月に「葛飾区経営改革宣言」をし、経費の節減や事務事業の見直し、人員の削減に鋭意取り組みました。3年を経て、平成13年度からは、5年にわたり継続して、財源不足を解消し収支の

均衡した予算編成を実現し、今ようやくにして、区政を安定基調に移行させることができました。

　これからは、この安定した行財政運営の下、地方分権の流れの中で、21世紀に相応しい地域特性を活かした個性的で独自性を持った、いわゆる「葛飾らしさ」のある施策を展開してまいりたいと考えております。

　現在、今後の区政において、早急に対応すべき課題として、第1に、国の進めている「三位一体改革」への対応や、東京都と特別区との間で協議が進められている、東京都と23特別区との財政調整に関わる「主要5課題」の解決など、本区の将来の財政基盤を大きく左右する問題への取り組みがあります。

　第2に、都心区と比べて本区が遅れている、鉄道の各12駅の周辺を中心とした都市基盤の整備をはじめ、犯罪や交通事故のない、そして災害に強い「安全、安心、快適なまちづくり」に向けた取り組みをより一層推進することが求められています。

　第3に、少子高齢化の急速な伸展に伴い、3期目の主要な施策として打ち出した「少子、高齢社会に対応する施策」をより一層、安定したものに構築していくことが求められています。

　第4に、2次にわたる経営改革の成果を踏まえて、さらに簡素で安定した行財政基盤を築いていくために、指定管理者制度等の民間活力の活用をより一層推進するとともに、簡素化した執行態勢の力を余さず発揮させるために、職員の育成、人材の確保に、さらに力を注ぐことが求められています。

　以上の課題への具体的な取り組みを推進するため、現在、平成18年度から27年度までの10カ年にわたる「新基本計画」を策定しています。

　前述したとおり、私は、これまで1期目は、混乱した区政の正常化と区民の区政への信頼回復、そして、2、3期目は、行財政の健全化を重点に区政運営を進めてまいりました。そして、子どもから高齢者まで、全ての区民が等しく公平に区のサービスを受けることが出来、誰にとっても区役所が文字通り、区民の「役に立つ所」となることに心を砕いてまいりました。

　しかしながら、行財政改革と今後のまちづくりという地道な対応は、得てし

て、区政に特徴がない、区長の顔が見えない、マスコミに取り上げられるような青木カラーの目玉事業がない、等々の批判を受けるようになってまいりました。

そこで、策定中の新基本計画においては、経営改革によって新たに生み出した財源と人的資源の一部を、「子ども総合センターの建設」、「大学の誘致」、「文化とスポーツのまちづくり」、「コミュニティービジネスの創出」、「チャレンジアカデミーと小中一貫教育」、および「フィットネスパーク構想」などの十のプロジェクトに振り向け、これを「元気満10（まんてん）プロジェクト」と名づけ、「明日の元気な葛飾」をつくる道筋としていきたいと考えております。

本年11月に、4回目の区長選に臨むことを既に表明いたしましたが、私は、将来の葛飾区のより良い発展を求めて、これまでに築き上げてきた基礎をさらにより強固なものとし、次の世代に引き継ぐために、これまでの区政運営の総まとめを行いたい、そして、現在の区民が、将来の葛飾区の姿に夢と希望を持つことができるような、今後の10年を展望した葛飾区政を展開してまいりたい、と考えております。

来る11月、再び区長を任されましたら、白門で鍛えられた正義と公正を旨とし、厳しい批判の目を失わず、たまには職員や区議にストレートに物申し、ストレスをためないように趣味の時間も大切にしながら、あと4年、青木区政の足跡を後世に記していきたいと考えております。

［略　歴］
昭和35年3月　　中央大学法学部卒業
昭和36年4月　　葛飾区役所入庁
昭和61年4月　　企画部長
平成元年4月　　総務部長
平成3年4月　　厚生部長
平成3年12月20日　助役
平成5年12月19日　区長（現在、3期目）

多摩市（東京都）

緑に映える文化都市・市民が主役のまち多摩

多摩市長　渡辺 幸子
（昭和47年卒）

　私は、平成14年4月、30年間務めた多摩市役所を退職して、市長選挙に立候補し、多摩市民の負託を受けました。前市長の突然な辞職を受けての出直し選挙に際して、市民部長であった私に白羽の矢が立てられました。「好きです多摩。誰もが夢をもち、支え合うまち多摩」を目指して奮闘中です。

　多摩市は、多摩丘陵のほぼ中央北側にあり、東京都心から約30kmのところに位置しています。

　昭和39年に多摩町は「多摩ニュータウン開発事業」の受け入れを決定しました。そして、町の面積21km²の6割を占めるニュータウン開発と共に発展してきました。

　昭和46年3月に第1次入居が始まり、同年11月に人口4万人の多摩市が誕生し、人口14万3,000人までに発展してまいりました。

　多摩ニュータウンが1兆円ともいわれる国費・都費の投入によって開発されたこともあり、多摩市の道路や公園など都市基盤は極めて高い水準に整備されています。

　多摩市民1人あたりの公園面積は13m²で、東京都でトップクラスです。緑豊かな環境に、「住みよい」「どちらかといえば住みよい」という肯定評価をする市民が9割いる状態が20年間続いています。通勤通学や買物に不便だから転居

したいという市民がいることにも留意しながら、これからも緑に映える文化都市づくりを進めます。
　道路の平均幅員は10.61mと東京都平均の7.22mより格段に広く、街路樹も豊かです。これらは、強みである一方、維持費が嵩み、経常収支比率を押し上げています。
　財政は、普通交付税が昭和60年から20年間不交付で、財政力指数が1.2と基礎体力はあります。一方、財政の硬直化がすすみ、経常収支比率が95％を超えています。
　私は、市職員時代、昭和61年の第一次行政改革から平成12年度の第4次行革プランまで、直接・間接的に行革に関わってきましたが、コスト削減や効率的な行財政運営など市役所内部の改革だけでは限界状態にあると認識していました。
　市長選挙の公約には「情報を分かりやすく公開し」「歳出構造を歳入に見合ったものに転換し健全な財政運営をする」など「経営感覚の鋭い市政」運営を掲げました。
　平成14年4月市長に就任。外部のコンサルタントに頼らず専任職員5名のチームが中心となって平成15年7月280ページの財務情報「多摩市行財政診断白書」をまとめ、その白書を踏まえ「多摩市行財政診断市民委員会」の皆さんが今後の改革についての骨太の方針をまとめてくださいました。
　それを基に、「ゼロベース、市民協働、根拠本位」を改革の基本原則とする「多摩市行財政再構築プラン」を平成16年2月に作成し、抜本的な行財政再構築に取り組んでいます。
　地方分権時代。「自らのまちは自らつくる」を基本に、自立した自治体運営を将来にわたって行えるように、小さな市役所を実現し、市民やNPO、大学や事業者などが協働・連携し、対等な立場で役割分担しながら地域のサービスを豊かに創り出し、「安心して暮らし、住み続けることができるまちづくり」を進めています。
　私は、子育て、教育を第1に考えています。虐待や、育児放棄の親を責めて

も問題は解決しません。地域で子育てしやすい環境を整備し、子育ての大変さが楽しいと感じられるようにすることが少子化への対応にもつながります。青少年が夢を持ちにくい世相、いじめや不登校の問題を学校だけに委ねるのではなく、地域が支援することが必要と考えています。

　平成16年7月に開設した子ども家庭支援センターは、関連機関の職員、市民が1年をかけて検討した後スタートしました。保健師が家庭に出向き、学校や児童相談所、地域住民と連携して課題解決にあたっています。

　NPOの皆さんに学校のトイレ掃除を担っていただくことにより、児童との会話が増えています。学校の樹木を地域の方が剪定、学校運営協議会の実効性が高まっています。

　多摩市の高齢化率は、現在15％ですが、ニュータウンに同時期に入居した団塊世代前後の人口の割合が8.8％と他市より多く、間もなく急速に高齢化が進みます。

　85歳を過ぎますと、介護が必要な方が2割になりますが、60代、70代の方はほとんどの方がお元気です。高齢化は、経験や知恵をもった市民が地域に帰ってきて、まちづくりで力を発揮していただける好機です。

　高齢者が子育てや緑の保全を担う、「明るく元気な高齢社会」「誰もが夢をもって支え合うまち・多摩」を実現することが私の任務です。

　中央大学在学中、大原光憲教授のゼミに所属して、地方政治について指導を受けたことが、いま生きているように思います。

　ところで、多摩市は、平成16年8月に「多摩市自治基本条例」を施行した「市民参加度、日本一」のまちです。

　自立した市民と自立した職員が対等な立場で、「新たな支えあいの仕組み」「新しい公共」を構築し、多摩市の自治を前に進めていくためには、これまで以上に市民の皆さんの力が必要です。多摩市には、豊かな人材が大勢いらっしゃいます。大学やNPO、企業の力もあります。

　そう、「多摩白門会」の皆さんもいます。母校・中央大学関係者にも随分と力をお借りしています。

多摩白門会は、平成14年10月に誕生し、150名の多彩な会員がいます。
　会長は藤本哲也法学部教授です。藤本先生には、私の後援会の会長もお願いしており、大変お世話になっております。
　総会やクリスマス会、お花見、講演会など活発な活動を支えてくださる事務局長の小林満紀子さんはじめ役員の皆さんには大変感謝しております。
　28年卒の澤さんは多摩市老人クラブ連合会の副会長や地域での子ども見守りパトロールを、47年卒の小暮さんは多摩市の農業のリーダーとして米や野菜に加えて「朝顔まつり」に出品する朝顔の栽培も。松尾正人文学部長には市民講演会の講師を、京王百貨店会長の村山さんには京王電鉄グループとして多摩市のまちづくりをご支援いただいています。
　昨年の中大ホームカミングデーでは、小暮さんらの手づくり味噌を販売し、好評を博しました。
　大学との連携では、細野助博総合政策学部教授が専務理事を担ってくださる「(社)学術・文化・産業ネットワーク多摩」に大いに期待しています。
　また、中大生をビジネスインターンシップとして受け入れて10年になりますが、これからも続けたいと思います。
　多摩ニュータウン開発から30年余が経ち、地縁・知縁のコミュニティが着実に根をおろしつつあります。
　拡大した行政サービスの範囲を見直し、かつ、行政では生み出しにくい新しい機能や価値を市民とともに創造していくことによって、市民ニーズに的確に対応し、明るい未来を切り拓いていく覚悟です。
　先輩市長の皆さま、どうぞよろしくお願い申しあげます。

[略　歴]

昭和47年3月	中央大学法学部政治学科卒業	平成5年8月	多摩市文化振興財団事務局長
昭和47年4月	多摩市役所入庁	平成10年8月	総務部次長
昭和57年5月	福祉部社会福祉課主査	平成14年1月	市民部長
昭和63年4月	企画部副参事	平成14年4月	多摩市長

秦野市（神奈川県）

「丹沢の緑と名水の里」秦野市の発展とともに

秦野市長 二宮 忠夫
（昭和35年卒）

はじめに

秦野市を少し紹介しておきます。

秦野市は昭和の大合併と言われた時代の昭和30年1月1日、秦野町、南秦野町など2町2カ村が合併して、神奈川県内12番目の市として誕生。その後8年の間に1町1村が編入合併して、面積103.61km²の市域（当時の人口5万3,000人）となり、現在16万8,000人余の人口を有する神奈川県央西部の広域拠点都市として着実な発展を続け、本年1月に市制50周年を迎えています。

都心から約60km、東名高速道路で「秦野・中井インターチェンジ」まで約40分、新宿から小田急ロマンスカーで1時間の距離にあり、まちの北方には神奈川の屋根・丹沢連峰が控え、西方には霊峰富士を望み、南方には渋沢丘陵の台地が東西に走り、県下で唯一の典型的な盆地を形成、気候は温暖、数多くの歴史的文

秦野市全景

化遺産を有し、その最大の魅力は、丹沢に代表される豊かな自然と青い空、そして何といってもおいしい水であると思っています。

名水復活への軌跡

丹沢山塊と渋沢丘陵に囲まれた秦野盆地の地下は、地下水を豊富に貯える天然の水がめであり、昭和60年には、「秦野盆地湧水群」として全国名水百選の1つに選ばれました。

しかし、平成元年その湧水が、有機塩素系化学物質によって汚染されていることが判明

名水復活を宣言

し、以来、平成6年には全国初の「地下水汚染の防止及び浄化に関する条例」を施行するなど、全国でも例を見ない地下水浄化の大事業に行政と事業者が一体となって懸命に取り組んできました。

この取組みは15年の歳月を要しました。しかし、発生当時「不治の病」と言われた水質は、幸いにも市が独自に開発した「地下水の人工透析浄化システム」が功を奏し、予想以上に速く回復、国の定める環境基準も安定的にクリアしたので、昨年の元日に名水復活の宣言をすることができました。

こうした苦境における独自の取組みとチャレンジ精神は、日本最大銘葉の一つと言われた「たばこ栽培」や、横浜、函館に続き全国3番目に実行した「水道事業」等にかけた先人たちの熱き情熱を彷彿させ、秦野気質として次代にも引き継がれていくことでしょう。

最小のコストで最大の市民福祉を

さて、今日の地方自治体は、地方分権の進展、少子高齢化の進行、市税収入の減少など、かつて経験したことのない社会経済環境に置かれ、厳しい行財政

運営を強いられています。

　こうした背景の中で、自治体がそれぞれの都市像を実現するために、限られた財源と人的資源を活かし、効率的、効果的に対応できる行財政運営の仕組みを再構築することが急務となっています。必要性の低下した行政サービスの廃止、行政サービスの受益と負担の関係を見直すなど、地方自治法で定めているように、最小の経費で最大の効果を上げるような行財政改革に本格的に取り組まなければなりません。

　本市でも、今日の時流に適応し、そして持続可能な行財政運営とするため、政策・制度全般にわたり徹底した見直しを行ったところです。具体的には、市民の参画を受けながら、当面、平成16年度からの5カ年間を強化実施期間とする「はだの行革推進プラン」を策定して改革に取り組んでいます。

　すでに実施したものの代表的事例を2、3挙げてみますと、小学校の空き教室を活用しての高齢者学習塾、デイサービスセンターの設置、市立幼稚園と市立保育園の一体化により、市立及び民間保育園各一園の増設、公民館使用の有料化、学校給食業務の民間委託等であり、今後「可燃ごみ収集業務の民間委託」などに取り組むこととしています。しかし、何といっても行革は職員の意識改革が何よりも肝要であり、昨今その思いを痛感しています。そうした点を折に触れ、職員との対話の中に求めています。

市制施行50年　秦野市の歩みとともに

　時の流れは誠に早いものだと思います。もちろん、この50年の歳月には様々な思い出があります。しかし、それはそれとして、よくぞ忍耐強くこの50年を務めあげてきたものだと、今、自分で自分を誉めています。

　父親を太平洋戦争で亡くした事情もあり昼間の大学に行けなかった私は、火曜と金曜日は午後4時で、他の日は午後5時で市役所から小田急電鉄に飛び乗るようにして御茶ノ水まで通いました。帰りは大秦野駅（現秦野駅）に午前零時という毎日でした。大学の春・夏の休み明けは決まって体調を崩し、3日ぐらい寝込むような4年間でした。

それでも大学の卒業を機に転職する志でいましたので、まじめに辛抱強く通学しました。結局、実力不足により第一志望への転職は実らず、母親の願望どおり市職員として自分の生涯をかけることになりました。時に昭和35年3月でした。

　それから10年足らずです。時代は大きく動きました。眠れるまちは大きな変化の波に晒され始めました。首都圏近郊のまちとして、急成長の軌道に乗ったのです。

　経済の高度成長とともに、企業の立地、首都からの人口移動により、行政需要が急激に拡大し、必然的に行政組織の膨張、職員数、役職ポストの増加となりました。こうした急成長期では、役職適齢者も少なく、ライバルも少なかったのです。大学卒業後18年、異例の若さで福祉部長に抜擢されました。以後12年の間に管理、建設、企画の各部長を経験して、平成2年4月助役に選任されました。54歳でした。1期で後進に道を譲る、そんな心積りで引き受けたのですが、人の一生は何が起こるか分からないものです。

　「私の辞書には選挙の二文字はない」などと固辞してきた者が、平成6年1月の市長選において、役所の先輩に当たる現職の後継者として担ぎ出されました。「不惜身命」は、平成の名横綱貴乃花が使用する前に使った私の心境です。初当選以来、厳しい財政環境下にあって、清潔、先見、安定、忍耐、健康を自覚し、個性豊かで健全な地域社会は「市民が主役のまちづくり」によってはじめて実現し得るとの信念のもとに、「参加と協働、改革と創造」の市政の推進に文字どおり粉骨砕身努力してきました。

　そして、来年1月には、3期12年の任期が満了し、この期に公務からの区切りをつけるつもりです。市制施行50年、秦野市の成長発展とともに歩み続けてきた我が身がそれと重なり、誠に感慨深いものを覚えます。

　とまれ、秦野市は永遠に不滅です。

　市制50周年の節目は、秦野市のこれからの50年、100年の未来に向かう新たなスタートの年であります。

　「夢いっぱい　出会い・ふれあい　秦野みらい」先人の知恵と汗に学び、今

ある姿を見つめ、未来を展望していかなければなりません。「協働・共創」により、「丹沢のみどり豊かな名水の里　安全で安心　活力と魅力のある秦野づくり」に向かって、さらに力強い歩みを続けていくものと確信している毎日です。

[略　歴]

昭和35年3月	中央大学法学部政治学科卒業
昭和26年4月	中郡南秦野町職員
昭和30年1月	合併により秦野市職員
昭和53年8月	福祉部長、以降、管理部長、建設部長、企画部長を歴任
平成2年4月	秦野市助役に選任
平成6年1月	秦野市長に当選(現在3期目)

〈現　職〉

神奈川県市長会副会長、神奈川県道路利用者会議会長、秦野市伊勢原市環境衛生組合長、秦野市観光協会長、秦野市防犯協会長、秦野市交通安全対策協議会長

富山市（富山県）

路面電車を生かしたまちづくりについて

富山市長　森　雅志
(昭和51年卒)

はじめに

　平成17年4月1日、7市町村の合併により人口約42万人、面積約1,240k㎡の新富山市が誕生しました。新市は海抜0mの富山湾から海抜3,000m級の山々まで、全国に例を見ない自然の豊かな都市となりました。

　本市では、自動車交通に支えられた低密度に広がる市街地が形成されており、都心部の空洞化・衰退や自動車を利用できない人の交通モビリティの低下など諸問題を抱えているほか、今後の少子・高齢化の進展や、地球規模での環境問題への対応などがまちづくりの課題となっています。このことから「持続可能なコンパクトなまちづくり」をコンセプトとして、まちづくりに取り組んでおり、現在進めている富山港線の路面電車化事業は、その具体的な取り組みのひとつであります。

　現在JR西日本が運行する富山港線は、JR富山駅と富山市北部の富山港を結ぶ全長8kmの単線電化路線であり、これまで本市北部地域の産業活動や通勤通学・日常生活の足として重要な役割を担っておりましたが、近年の自動車交通の進展や沿線企業の移転、富山港線自体の利便性の低下などが重なって、平成7年から5年間で富山港線の利用者数は25%も減少しました。しかし、沿線には住宅地や事業所等が立地しており、貴重な土木建築物や古い街並みなど多く

の観光資源があることから、潜在的な交通需要は高いと考えております。
　一方、富山駅周辺地区では、北陸新幹線整備が平成13年度に認可されたことと併せ、平成15年度にはJR北陸本線等の富山駅付近連続立体交差事業調査が採択を受けました。この鉄道の高架化を契機として富山港線を路面電車化し、利便性の高い公共交通として復活させ、さらに高架化完成後、高架下で既存の路面電車と接続することにより本市のまちづくりの基幹となる南北鉄軌道軸が形成されることとなります。この南北鉄軌道軸は、これからの公共交通網の構築に大きな役割を果たすものと考えており、平成15年5月に、平成18年度当初の開業を目指してJR線を路面電車に転換することを発表しました。

富山港線路面電車化計画について

　この路面電車化の具体化を図るため「富山港線路面電車化検討委員会」を設置し、本路線の整備計画や需要・収支予測、社会的便益などについて調査検討を行ないました。その結果、
① 平成18年度当初を目途に路面電車化し、鉄道の高架化後、既存路面電車と接続する。
② 既存鉄道施設を活用し、一部廃止する区間の代替は都市計画道路に軌道を新設する。
③ 新駅設置、15分間隔の運行、運行時間延長等サービス水準の向上を図る。
④ 公共が施設を整備し、新た

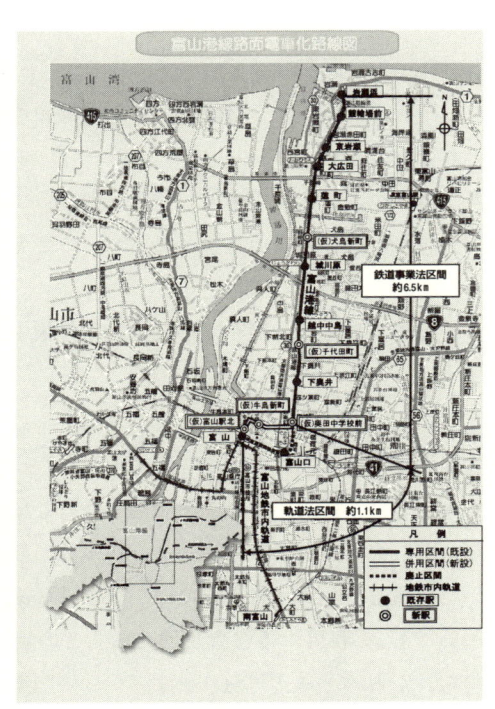

富山港線路面電車化路線図

な経営主体が維持管理と運行とを一体的に行う、いわゆる「公設民営」的な形態が望ましい。
⑤　新たな経営主体は第三セクターとし、赤字補填的な公共の支援は行わない。

等との報告がなされました。
　この報告を受けて、

完成予想図（合成スケッチ）

①　第三セクター「富山ライトレール（株）」を設立（H16.4.17）
②　富山駅―奥田中学校踏切間を廃止し、都市計画道路富山駅北線、綾田北代線に軌道（約1.1km）を新設する。また、奥田中学校踏切―岩瀬浜間（約6.5km）は既存施設を活用する。
③　全線単線で13駅を整備し、15分間隔の運行を確保するため4駅に行違い施設を設ける。
④　低床車両を7編成導入（2車体連接車）する。
⑤　将来、既存の路面電車と接続することを想定し、軌道区間の一部を複線化し新駅を設ける。

等を整備方針とし、現在、平成18年4月末の開業に向け、施設整備を進めています。

路面電車化に向けた新たな取組み

　本市では、検討委員会での議論と並行して、沿線住民に富山港線の路面電車化に関して、ルートやサービスレベル等の計画案を示して、アンケートを実施いたしました。路面電車化については「賛成」が78%、また路面電車の利用についても、「利用する機会が増える」との回答が63%あり、沿線住民の理解を得られたものと考えております。

　また、公設民営の考え方から、開業後の維持・補修を経費面から支援するこ

ノンステップバス　　　　　　　　　LRT
鉄道とバスの乗継イメージ

とを目的として、「富山港線路面電車事業助成基金」を設けました。この基金の財源には、富山ライトレール（株）への市民参加の形態としての企業や市民からの寄付金を充てることとし、これを踏まえ、沿線自治振興会が主体となって構成する「富山港線を育てる会」と、富山ライトレール（株）、富山市の3者からなる「富山港線路面電車化支援実行委員会」を設立いたしました。当委員会は、本線沿線約2万世帯にパンフレットを配布し、同事業のPRと市民参加の一形態としての寄付の呼び掛けを行うなど、市民レベルでの支援活動を続けることとしております。

　さらに、ハード面でも、併用軌道部における騒音・振動を軽減する樹脂固定軌道、景観に配慮した芝生軌道、ICカードを用いた乗降システムの採用など、環境に優しく、利用しやすい路面電車整備を目指し、先進的な取組みを進めております。

まちづくりに向けた新たな取組み

　富山港線の路面電車化により、沿線での公共交通の利便性が飛躍的に向上することを機会に、少子高齢化が進むなかでの交通弱者等のモビリティを確保し、ライフスタイルの多様化に対応した移動手段の選択が可能な、公共交通を活用して生活できる生活環境整備を進めることで、持続可能なまちづくりを図ることとしております。

　このため、平成16年度に創設された国のまちづくり交付金等を活用しながら、沿線各駅での駅前広場や駐輪場の設置、駅へのアクセス道路の整備、また岩瀬浜駅での近隣地区とを結ぶフィーダーバスの導入とバス停と電停との一体整備による乗り継ぎのシームレス化を行うなど、利用しやすい鉄軌道として整

備を図ることとしております。
　また、沿線における高齢者向け住宅の誘致や一般住宅建設の促進等により、沿線人口の増加を図り、また、沿線に数多く存在する、国指定重要文化財「森家」に代表される古い街並みや、パナマ運河形式の「中島閘門」などの歴史的な文化遺産を官民の協働により保存活用し、併せて回遊性のある散策路や休憩施設の整備を進めることで、さらなる魅力あるまちづくりの促進を図ることにしております。

ま と め

　JR線を引き継いで路面電車化を図るという全国で初めての事業を実施すると決断して以来約3年で開業できる見通しとなりましたことは、関係各位の大変なご尽力のおかげであります。
　これを契機として本市の新たなまちづくりへの取り組みを全国に発信したいと考えており、今後、より多くの人々に富山に来ていただき、路面電車に「乗って」、文化や自然景観を「見て」、おいしい魚やお酒を「味わって」、富山の良さを発見していただきたいと思っております。

[略　歴]
昭和51年3月　　中央大学法学部卒業
昭和52年　　　司法書士・行政書士事務所を
　　　　　　　開設
平成7年　　　　富山県議会議員に初当選
平成11年　　　再選
平成13年12月3日　議員辞職
平成14年1月20日　旧富山市長に初当選
平成14年1月26日　旧富山市長就任(～
　　　　　　　　　平成17年3月31日)
平成17年4月24日　新富山市長に初当
　　　　　　　　　選、現在に至る

須坂市（長野県）

中央大学のような須坂市

須坂市長　三木　正夫
（昭和48年卒）

　私は、平成16年1月、「市民の参画と協働による新しい須坂の創造」を理念として掲げ市長に当選いたしました。

　就任当初、「須坂には何もない」という市民もいました。よい地域づくりの第一歩は、自らの地域に誇りを持つことだという思いから市内外に須坂のよさを情報発信することに心がけています。

　須坂市には巨峰・リンゴなどの農産物、国産ワインコンクール金賞のワインブドウ、日本有数の蔵、特色のある博物館、さくら名所百選・日本の名松百選の臥竜公園、日本の滝百選の米子大瀑布、レンゲツツジの大群落の五味池破風高原、標高1,500mのクロスカントリーコースのある峰の原高原、味噌と味噌料理、こだわりのそば屋、カンガルー「ハッチ」のいる須坂市動物園、愛地球博へ出展した「e—シャレット」。そして、朝日新聞社説にも掲載された地域福祉、信州岩波講座、花づくり、産業活性化推進会議、農業小学校、

さくら名所百選・日本の名松百選の臥竜公園

須坂市動物園のアカカンガルーの「ハッチ」

発祥地である保健補導員など広範にボランティアが活躍しています。

このうちいくつか御紹介させていただきます。

須坂市は昔から果樹の産地として有名で、リンゴのふじが多く栽培されてり、大変おいしいものが獲れます。

また、巨峰の一大産地であり、その美味さは有名です。須坂の巨峰農家が、東京の八百屋で須坂産巨峰の空箱が山積みされているのを見て、ご主人に「どうして須坂産を売っているのですか」と尋ねましたら、ご主人は「須坂産が一番美味いから」と答えられたとのことです。農家の方はぶどう作りの大きな励みになったとおっしゃっていました。

また、国産ワインコンクールで金賞を受賞したワインのぶどうは3年連続で須坂産です。ワインの品質は、その9割がぶどうの出来によるといわれていますが、須坂市は、内陸性気候で降雨量が少なく、昼夜の温度差があり、そのうえ砂礫質の土で水はけがよく、日本のブルゴーニュと称されています。このワインは、「北信シャルドネ」というブランドまであり、2004年にフランス・ブルゴーニュで開催された世界シャルドネコンクールで銀賞も受賞しています。もちろん、ワイン用ぶどうが良質ということは、生食用も美味いということです。

また、須坂市は、明治から昭和初期に製糸の町として栄え、世界に知られた製糸の町でした。戦後は製糸から電子工業の町として発展してまいりましたが、戦火の影響もなかったことから、製糸の時代に造られた豪壮な土蔵づくりの旧製糸家建物や繁栄した大壁造りの商家などの町並みが残され、最近はこの蔵を活かして美術館などになっております。

周辺部の山間部には初夏に100万株ともいわれるレンゲツツジの大群落がいっせいに花をつけ、一帯を燃えるような紅色に染める五味池破風高原、権現滝

（落差75m）と不動滝（落差85m）の二すじの滝が落ち日本の滝100選にも選ばれている米子大瀑布。また、花の百名山の根子岳のなだらかな裾野に広がる標高1500mの峰の原高原は、真夏でも平均気温19℃のさわやかな高原で、テニス、ゴルフ、クロスカントリー、マウンテンバイクそして冬はスキーとアクティブに楽しむのも、自然の風を感じてのんびり過ごすもよい場所です。その他にも須坂市には見所がたくさんありますので、ぜひお近くにお越しの際にはお立ち寄りいただき、楽しんでいただきたいと思います。

　さて、当市では、本年私の公約であり、市民の参画と協働によるまちづくりのモデル的事業であります、「信州すざか農業小学校」を開校しました。

　農業小学校は、①自然、農業の厳しさ、楽しさを体験することにより、子供たちがたくましい精神力・創造力などを身につけること、②異年齢の子どもたち、保護者、地域の大人が交流することによる仲間づくり、世代間交流、地域連帯感を養うこと、③地域文化に親しむことにより、ふるさと須坂の良さを発見すること、④農産物を作り、食べることにより、食べ物に対する季節感、感謝の気持ちの醸成、五感や共食を通して感じるおいしさなど「食育」を目的として１年間にわたり、ふるさとの情景が残る豊丘地区で小学生が、農業、自然、伝統文化などを体験します。

　農業では、畑や田んぼを耕し、田植え・稲刈り・脱穀・餅つき、野菜の植付け・収穫、そばの種まきを行い、収穫した農産物は、餅、そば、おやきなどをつくって食べます。

　先生は、校長先生、教頭先生、畑主任先生、田主任先生、事務長先生を始め総勢26人で、すべてボランティアの農家の方々です。何人かの先生は、農業小学校以外にも、遊休荒廃農地解消や有害鳥獣駆除のため、梅の木元気事業団活動、ヤーコン栽培など様々な活動をされています（ヤーコンジュース、ヤーコン焼酎は新たな特産品であります）。

　生徒は、市内全小学校11校から55名の応募がありました。学年も全学年にわたっています。実は、最初はもっと教育委員会が運営に関与する予定でしたが、農家の先生方が、授業内容、職員体制などについて職員会を何回も開き学

校の内容を充実して下さいました。開校式でも、リンゴ箱が椅子の代わりになり、紅白の祝菓子の代わりに「信州おやき」を配っていただきました。

先生方は、自力で農機具小屋まで建ててしまいました。今後作業小屋を建てるそうです。万能というか、逞しいというか、「大草原の小さな家」の父親のような先生方です。

いろいろなところで農業小学校のお話をしておりますが、非常にいい制度だと高い評価をいただいております。文化を英語で表すと culture ですが、culture には耕作 cultlvate という意味があります。農業は英語で agri-culture といい、「土地を耕すこと」という意味ですが、農業には人も耕して成長させる総合的な教育力があると思います。

須坂市の市税収入は、市内大手企業の規模縮小等により、平成13年度と比較して14億円も減少し、国の三位一体改革と合わせて厳しい財政状況が続いております。しかし、紹介しました農業小学校のような市民の参画と協働によるまちづくりが行われ始めており、新しいプロジェクト2件も経済産業省に採択されました。

先人が本市の発展のために賭けた熱意と歴史に学びつつ、自信と誇りの持てる須坂市の創出のために、厳しい時代だからこそ、希望を持って力強い歩みを市民の皆様とともに進めてまいりたいと考えております。

　　　　　　　　　須坂市ホームページアドレス　http://www.city.suzaka.nagano.jp/
（追伸）須坂市は、中央大学と同様に(?)、派手さはないですが、多くの宝物を生かし着実な地域づくりをしております。

[略　歴]

昭和48年3月	中央大学法学部法律学科卒業		推進室長、下伊那地方事務所長を経任
同年　4月	長野県職員採用	平成15年11月21日	長野県退職
平成8年4月	総務部秘書課長、以降、企業局地域開発課長、社会部厚生課長、行政改革	平成16年1月18日	須坂市長当選(23日就任)

高山市（岐阜県）

日本一広大な「高山市」のまちづくり

高山市長　土野 守
（昭和34年卒）

　この度の白門市長会の設立に際しご尽力いただきました皆様に、まずもって感謝を申し上げます。

母校への思い

　私が中央大学を目指したのは、昭和29年の夏に高山で中央大学辞達学会の地方遊説という催しがあり、樫田忠美教授と辞達の会員が演説をされました。それを聞いたことによって中央大学および辞達学会に興味を持ったことによります。合格しましたので辞達学会にも入会し花井卓蔵先生作の練習原稿をもとにした発声練習などを行うとともに会員の演説大会や研修旅行など青春の1ページとして楽しい思い出となっています。

　昼間仕事を持っての学生生活で両立がなかなか困難であったため途中で退会したことが残念でありました。しかし、中央大学や仕事（自治省や地方等での35年間）を通じてのいろいろな経験が今日の私の人生を方向づけてくれたことを思いますと中央大学に学べたことは幸せだったと思っています。

　それでは、私が市長を務める高山市の紹介や現在取り組んでいる行政改革について、簡単に述べさせていただきます。

　皆様より、ご助言等を賜れれば幸いに存じます。

高山市の歴史とまちづくり

「心のふるさと　飛騨高山」で全国に知られる高山市は、天正年間に豊臣秀吉の命を受け飛騨に封ぜられた金森長近公以降、金森氏6代による107年間に築き上げられた城下町としてのまちづくりが基礎となっています。

その後、江戸時代には幕府の直轄地である天領となり、代官、郡代25代による政治が177年間続きました。その時代に行政の中心地であった高山陣屋は全国で唯一、現在にその建造物を残しており、国指定の史跡となっています。

幕末の三舟の1人であり、西郷隆盛と会見し江戸城の無血開城に貢献した山岡鉄舟は、第21代の飛騨郡代の息子として子ども時代をこの地で過ごしています。

また、春秋の高山祭りは「動く陽明門」とうたわれる絢爛豪華な祭屋台の曳きまわしやからくりなどで知られ、日本三大美祭のひとつといわれています。そのほか、飛騨春慶、一位一刀彫の伝統的工芸品など、先人たちが英知と努力で築き上げてきた文化遺産を現在まで保存継承している都市です。

観光地としての飛騨高山は、昭和45年の国鉄による「ディスカバージャパン」キャンペーンにより全国的に脚光を浴びたことが契機となり、当時の年間66万人の観光客が、平成13年には321万人を記録し、以降3年間引き続き300万人を超える観光都市として発展してきています。

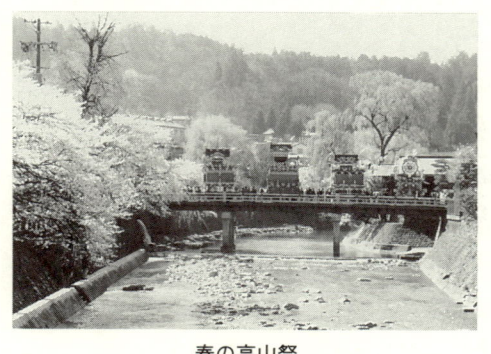

春の高山祭

しかし、単に観光客だけに焦点を絞ったまちづくりではなく、「住みよい町は行きよい町」を合言葉に、市民が生活しやすい町が観光客にも喜ばれる町であるという基本的な考え方に基づき、「市民の誰もが、安全、安心、快適に暮らせるバリアフリーのまちづくり」に取り

組んでいます。

　そのなかで、バリアを実感されやすい障がい者の皆さんに実際に来高してもらい、散策していただいたうえでのご意見をバリアフリーのまちづくりに活かしたいという目的で「障がい者モニターツアー」を開催しています。この9年間で14回、延べ300人の皆さんに参加していただきました。

　参加者の意見をもとに、道路の段差解消、誰もが使いやすい多目的トイレの整備、文字や音声で観光案内をする端末機器を街角に設置しています。また、「車いすお出かけマップ」や「おもてなし21」を発行するなど、いろいろな方に接する市民の心のバリアフリーも進めております。

　民間施設においても、バリアフリー対応の施設改修に市が助成するなど、積極的な対応に努めています。

新高山市の誕生

　平成17年2月1日、高山市は近隣9町村と合併し、日本一広大な面積を有する市として生まれ変わりました。

　新高山市は合併前と比較して人口は3万人増加の約9万7,000人ですが、面積は約15倍の2,177km²となり、これは香川県、大阪府よりも広く、東京都とほぼ等しい面積となります。

　市域は東側で長野県、富山県と接し、西側で福井県、石川県と接するなど、合わせて4県に隣接する市となりました。面積の92.5％を森林が占め、中部山岳国立公園の乗鞍岳などの雄大な北アルプスをはじめ、ブナ等の原生林、ミズバショウの群生地、巨樹巨木、滝、河川の源流域や奥飛騨温泉郷をはじめとする温泉資源など、四季の変化に富んだ豊かな

高山市街から初夏の北アルプスを望む

自然環境に恵まれた都市でもあります。

さらには、国宝の安国寺経蔵をはじめとする数多くの重要文化財も加わり、伝統文化、民俗芸能、食文化など、魅力的な個性溢れる地域資源を豊富に保有する都市となりました。

行政改革の取組み

高山市は、平成11年度に「第三次行政改革大綱」を策定し、平成17年を目標年次として行政改革を進めてきました。その結果、当初の目標を大幅に上回り、職員数は113人（当初職員数の16.4％）、人件費では約10億2,000万円を削減することができました。

ところが、この度の合併により、合併前の旧町村の大きな借金を背負うなど財政状況は悪化し、職員数も1,261人となり、類似都市と比べ突出する結果となりました。早急に、こうした状況を改善していく必要性があります。

しかし、広い市域になったことにより、合併後も個性ある地域の連携と協調を推進するため、旧9町村の地域に総合支所を配置するとともに、地域の振興を図るための地域審議会を設置しました。

さらに、これまでの地域独自のまちづくりを支援するために、支所の権限で使用できる地域振興特別予算枠を認めるなど、日本一広大な市域を形成するそれぞれの地域性について配慮することになり、直ちに行政の効率化が図れないといった状況にもあります。

そうした中、先般、平成21年を目標年次とする「第四次行政改革大綱」やそれを具体化した実施計画を策定しました。その内容は、職員数を全体の3割にあたる400人削減して850人にし、組織や支所機能の統廃合など計120項目の行政改革を行うものです。

広大な市域の均衡ある発展のため、公正・公平な行政サービスの提供に努めるとともに、行政改革を全庁あげて意欲的に推進することで、真に市民のお役に立つ所としての市役所の機能を十分に発揮し、将来においても合併してよかったと評価していただけるような活き活きとした自立できるまちづくりを推進

していきたいと考えています。

新市のまちづくり

　高山市は合併により多彩な魅力溢れる市になりましたが、こうした財産を有効活用しながら創意工夫し、全市民が一体感と連帯感を持って生活できるよう、行政のみではなく、市民、事業者も一体となったまちづくりに取り組んでいきたいと考えています。

　また、この合併を機に、平成26年度までの10年間を計画期間とする「第七次総合計画」を策定しました。基本理念を「住みよいまちは行きよいまち」と定め、豊かな自然環境と長い歴史に培われてきた伝統を活かしながら、誰もが住みやすく、住みたくなるような落ち着いた定住環境と多くの人々が集い、ふれあえるようなにぎわいのある交流環境の整備を進めていきます。

　最後に、今後とも白門市長会の皆様のご指導、ご鞭撻を賜りますようお願い申し上げますとともに、皆様のご健勝とご活躍並びに白門市長会の発展を祈念申し上げ、設立に際してのあいさつとさせていただきます。

[略　歴]

昭和34年3月	中央大学第二法学部政治学科卒業
昭和30年10月	自治庁採用
昭和35年5月	北海道庁勤務
昭和47年5月	沖縄開発庁沖縄総合事務局勤務
昭和52年4月	新潟県企業局経営課長
昭和60年7月	自治省大臣官房企画官
昭和62年6月	内閣内政審議室内閣審議官併任
平成2年3月	自治大臣官房参事官
平成2年3月	自治省退職
平成2年4月	財団法人　自治総合センター参与
平成4年5月	高山土地開発公社理事長
平成6年9月	高山市長就任（現在、3期目）

〈公職歴〉

全国伝統的建造物群保存地区協議会副会長（平成6年9月〜）、全国雪寒都市対策連絡協議会副会長（平成9年7月〜）、森林浴の森全国協議会副会長（平成9年7月〜）、地方公務員共済組合連合会運営審議会委員（平成17年2月〜）、全国市長会理事（財政委員会副委員長）（平成17年6月〜）、同国立公園関係都市協議会会長（平成17年8月〜）

京都市（京都府）

現在の京都市政
― 環境行政と京都創生にかける熱意 ―

京都市長　桝本賴兼
（昭和38年卒）

はじめに

　昭和34年から4年間，法学部に在籍しておりました桝本賴兼でございます。中尾嘉伸岡山県津山市長様をはじめ，志を同じくする同門の皆様と白門市長会を本年6月に設立することができましたことを，大変嬉しく思っております。また，今回このようなかたちで私の話を掲載いただき，誠に光栄に存じます。

　思い起こせば，初めて京都の地を離れて過ごした中央大学での学生生活において，私は多くの学友達と出会い，日本の将来について語り明かす有意義な日々を送って参りました。それから40年余り経ちました今，京都市民の皆様のご信託を得まして，京都市長として3期目の職務に全力投球致しております。

　さて，西暦794年の平安京創建以降，1,200年を超える悠久の歴史が息づく京都市は，日本が誇る山紫水明の自然景観や美しい町並み，そして，永年にわたり磨き抜かれた奥深い伝統・文化を数多く有するまちでございます。明治22年の市制施行時

渡月橋

祇園祭

は2行政区から出発致しましたが、その後、隣接の町村編入を重ね、現在では、11行政区に147万人の市民が暮らす大都市へと発展して参りました。

本年4月1日には京北町との合併が実現し、全国の政令指定都市でも3番目に広い面積を持つ都市となりました。緑豊かで、独自の歴史と文化、伝統を持つ京北町との合併は、50年後、100年後の京都市の発展に夢とロマンを託す大事業であり、時の市長として、大変喜ばしく存じております。

飛躍の1年～環境・京都創生～

京北町との合併をはじめ、京都市は、今後さらに大きく羽ばたくための飛躍の年を迎えております。現在、本市で積極的に進めております政策をご紹介させていただきます。

〈環境に配慮したまちづくり～青く輝く生命と水の惑星・地球の未来のために～〉

地球温暖化をはじめとする環境問題は、待ったなしで取り組まなければならない地球規模の重要課題です。地球温暖化防止京都会議・COP3の開催地であり、本年2月16日に発効しました京都議定書誕生の地の市長として、全国に先立って地球温暖化に関する問題に取り組み、その中核的な役割を果たしていくことが私の責務であると考えております。

そのため、全国で初めてとなる「京都市地球温暖化対策条例」を本年4月に施行致しました。この条例には、市役所はもとより市民、事業者、観光客の皆様それぞれの責務を示すとともに、地球温暖化の原因となる温室効果ガスを平成22年までに10%削減するという、国よりも高い目標を掲げており、環境を全ての政策の基軸において市政を推進するものであります。

さらに，私が発起人となり，地球温暖化対策に特化した世界的な自治体ネットワークである「気候変動に関する世界市長協議会（仮称）」の設立を，「イクレイ―持続可能性をめざす自治体協議会」の協力のもと進めております。この協議会は，世界各国の都市などで連携を深め，地球温暖化対策を促進するため，各自治体リーダーが先頭に立っての取り組み推進や相互ネットワークの強化，各国政府の取り組みへの働き掛けを行うことなどを目的としており，本年秋には設立総会をカナダのモントリオール市において「COP11」と同時に開催する予定でございます。

　本市では，早くから環境問題に関心を持ち，地道な取り組みを続けてこられた市民も数多くおられるため，今後ともその取り組みを支えるとともに，世界全体を視野に入れ，行政としての取り組みも進めて参ります。

〈国家戦略としての京都創生　～「日本に京都があってよかった」と実感していただける歴史都市・京都の創生に向けて～〉

　京都は1200年を超える悠久の歴史と文化が息づき，山紫水明の自然と美しい都市景観を誇る歴史都市でございますが，現在，社会経済状況が大きく変化する中で，その歴史的な町並みや文化が急速に失われつつあります。しかし，残念ながら，京都の力だけでこれを守ることには，制度的にも財政的にも限界があります。そこで，京都を日本の歴史文化の象徴として，保全・再生・創造し，活用・発信する「京都創生」の実現に向けて，国家戦略として取り組んでいただくよう，国に対して働き掛けております。

　平成15年6月に京都創生懇談会(座長：梅原猛国際日本文化研究センター顧問)から「国家戦略としての京都創生の提言」が発表されました。昨年10月には，その提言をもとに「景観の保全・再生」「伝統文化の継

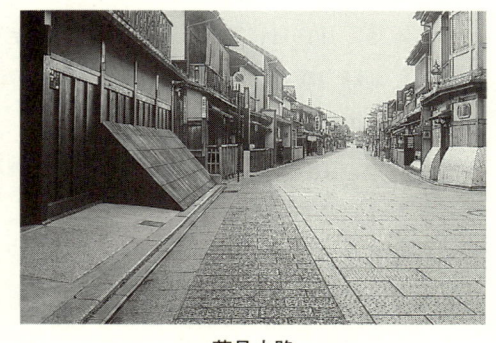

花見小路

承・発信」「観光の振興」を3つの柱に，「美しい日本の京都の再生」に向けた本市の基本的な考え方や国を挙げて取り組んでいただくべき政策を掲げた「歴史都市・京都創生策（案）」を取りまとめたところです。

　また，本年6月には，京都の団体や企業の代表者の方などのご参加により，「京都創生推進フォーラム」を設立致しました。今後，活動状況の報告などを行う1,000人規模のシンポジウムや市民向けのセミナーなどを開催し，市民の手による京都創生の実現を進めて参ります。

　一方，昨年秋に，本市と関係省庁との共同研究会である「『日本の京都』研究会」を立ち上げ，京都の景観・文化・観光についての現状や今後さらに検討が必要とされる課題を研究し，その成果として，本年3月には「京都への提言～国と京都市との知恵の結集による京都創生策の研究～」をまとめました。さらに，国会では，5月に自民党・公明党の先生方によります「歴史的都市維持・再生議員連盟」が発足し，6月には民主党の先生方によります「国家戦略としての京都創生をはじめとする歴史都市再生国会議員連盟」が設立されるなど，取り組みの輪は確実に広がりを見せております。

　今後とも，美しく品格ある京都を後世へと引き継ぎ，世界に発信するため，国家レベルでの動きを追い風に，市民や京都を愛する全国の皆様と京都創生の実現を目指して参りたいと考えております。

結 び に

　時は地方の時代。しかし，地方行政にとりましては，激動と不安の時代でもございます。地方分権の本格化により，自分たち自身の力で時代を切り拓き，まちの特性を生かした魅力あふれるまちづくりを進めていくことが求められる中，環境への配慮，京都創生を念頭に，「京都に住んでいて良かった」「また京都を訪れたい」と実感していただける安心・安全のまち，21世紀においても世界に誇る光り輝く京都の実現を，京都市民と手を携え，目指して参る決意でございます。併せまして，地方行政の明るい未来のため日々精進して参りますので，白門市長会の皆様のお力添えを賜りますようよろしくお願い申し上げます。

[略　歴]

昭和38年3月	中央大学法学部卒業
昭和38年4月	京都市教育委員会事務局勤務
平成4年4月	京都市教育委員会教育長
平成8年2月	京都市長(現在、3期目)
平成8年5月	社団法人京都市観光協会会長(～平成10年5月)
平成12年4月	京都工芸繊維大学運営諮問会議委員(～平成16年3月)
平成13年2月	文部科学省独立行政法人評価委員会委員(～平成15年2月)
平成14年4月	京都大学運営諮問会議委員(～平成16年3月)
平成15年12月	指定都市市長会副会長(～平成17年3月)
平成16年4月	文部科学省これからの教育を語る懇談会委員(～平成17年3月)

〈主な役歴〉

京都市青少年活動推進協議会会長(平成8年2月～)、財団法人平安建都1200年記念協会副会長(平成8年3月～)、社団法人京都産業会館会長(平成8年3月～)、財団法人京都市芸術文化協会名誉顧問(平成8年3月～)、世界歴史都市連盟会長(平成8年9月～)、社団法人京都市観光協会顧問(平成10年7月～)、消防審議会委員(平成15年1月～)

三 田 市（兵庫県）

これからの都市経営

三田市長　岡田 義弘
（昭和37年卒）

はじめに

　市長に就任して6年目の夏。部長、助役を経て長年にわたって、まちづくりに関わってきましたが、今日の都市を取り巻く環境は、劇的な変化を続けており、今や、「都市づくりは、都市を経営する時代」を迎えたと、痛感しています。

　そもそも、「神が村を造り、人が都市を創った。」と言われ、人が神（自然等）の領域を克服し、より豊かな生存環境を求めて、社会経済の変化や要請にあわせて、創り上げてきた地域が「都市」であります。都市は、その誕生の経緯からも、取り巻く時代や社会環境の変化に大きな影響を受けながら、盛衰を繰り返してきたと言っても過言ではありません。

　かつて繁栄を遂げた門前町や城下町は様々な定着装置を有した都市でありましたが、生活様式や交通手段等の変化によって、大きく都市の姿を変えていったことは、歴史の語るところであります。

　本市も、昭和の大合併による都市の仲間入りから、47年を迎えておりますが、今回は、本市のこれまでの都市づくりを検証しつつ、現在模索している「これからの都市経営」について、その一端を述べさせていただきます。

都市を取り巻く環境と経営戦略

　今、都市が直面している経済社会の変化は、多岐多様な分野に及んでおりますが、都市の経営に直接関わる問題として、行財政改革への対応をはじめとして、次の3つの視点に対する認識と対応が重要であります。

　まず1点めは、超少子化・超高齢化・超長寿化であります。これは現在の諸制度を構成してきた、「支える層と支えられる層」の急激な地殻変動であります。このため、「社会保障を中心とする制度や価値観を抜本的に見直すとともに、弱体化する個人・家族・地域等の自助・共助力を補完するために、新たな公の領域（拡大する官民協働の公、縮小する官専有の公）を構築する仕組みを、早急に整えなければならない時代であります。

　都市が今日まで提供してきた豊かな生活サービスや高度な都市基盤を維持するためには、厳しい財政推移を見据えて、行政諸施策の全般にわたる、新たな制度、施策が不可欠であります。

　2点めは、安全・安心の崩壊であります。私たちは、新しい世紀こそ、「平和と人権の世紀」になると期待し、努力を重ねてきました。しかし、自然を克服したはずの都市が、今、自然の脅威にさらされています。

　また、生命への尊厳や心のふれあいを置き去りにした社会は、老若男女の壁を乗り越えて、様々な場面で災いを招いています。

　都市市民は、今までスケールメリットを生かして、生産活動や生活の利便性を享受してきましたが、都市が包含してきた匿名性（人間関係やコミュニティの希薄化）の容認等から、たえず「安全・安心」の崩壊危機にさらされています。

　都市は今こそ、利便性の追求から心安らぐ空間（ふるさと）として、暮らしの「安全・安心」を、施策の根底に据えなければなりません。

　3点めは、都市としての価値（存在感）であります。都市にはそれぞれの顔（個性：シーズ）と、市民からの期待（ニーズ）があります。この適切な認識と選択を誤ると、都市は間違いなく衰退の道を歩むことになるでしょう。

　市民が都市を選択し、その発展を支えた要因こそが、都市のもつ資源であ

り、特質であります。さらに、この要因が長い年月を経て、その都市の伝統や文化として息づき、その都市の顔になっていくのであります。

そして、その顔をより高めるための願いが、市民からの真の期待であり、その都市に住み続けようとする市民の声であります。

これからの都市経営は、それぞれの都市の個性・特性と市民からの期待・要請との整合性を的確に見極め、取捨選択・実現することが、市民にとって「誇りと愛着ある都市」を経営する条件であります。

つまり、成長期の各都市が実施したナショナル・ミニマムとの嵩上げ競争から抜け出し、ローカル・オプティマム（地域の最適な基準）を、市民に明確に掲げ、実施することであります。

私はこのような信念から、平成15年度に策定した行政の運営指針「都市経営システム」では、行政に民間の経営手法を取り入れ、「単なる経費削減計画ではなく、新しい仕組みを構築する行政の構造改革を行う。」と定め、143の改革項目と3カ年の効果額11億3,000万の達成に、全職員を挙げて取り組んでいるところであります。

最後に、この都市経営の舞台である「三田市」について、少し紹介をさせていただきます。

三田市の概要

三田市は、商都大阪から35km、国際港都神戸から25kmに立地し、六甲山系と中国山脈に囲まれた210.22k㎡の広大な丘陵地帯に、人口11万4,000人の都市を形成しています。

また、大阪・神戸圏域へは鉄道で約40分。豊かな水源（千丈寺湖）と全国に張り巡らされた国土幹線自動車道（高速道路）の結節点という利点を有しています。内陸部を東西に縦貫する中国自動車道、日本海に連なる舞鶴若狭自動車道、瀬戸内沿岸とつなぐ山陽自動車道、さらには四国へと渡る神戸淡路鳴門自動車道と結ばれています。

さらに、中国自動車道から分岐する第二名神自動車道（名古屋神戸線）の工

事も順調に進んでいます。
　三田市を一躍有名にしたのは、阪神大都市圏の新しい郊外都市を目指して国・県・市そして都市再生機構（当時の住宅・都市整備公団）が連携して取り組んだ北摂三田ニュータウンの公的開発であり、昭和62年～平成8年までの10年間、全国一の人口伸び率を記録したことであります。

三田市のまちづくりへの取組み
　阪神大都市圏の近郊に残された豊かな自然（立地）を生かして、快適な居住空間と働き、学び、憩い、そして交流することができる複合都市を創造するため、関係機関と市民が英知を結集して、面積1,317ha計画人口8万8,000人の、21世紀のモデル都市（新しい田園文化都市）の建設に挑戦したのであります。
　高度成長期の後半、大都市圏域の喧騒から、安らぎや潤いという「暮らしの豊かさ」を求めて、多くの方々が転入されました。
　「住む」という機能のみが特化した、従来のベットタウンから脱皮し、都市の多機能装置に加え、定住性確保等の観点から、戸建住宅と集合住宅の割合を半々としており、現在、約56,400人の方が新しい生活を営んでいます。
　今春発表された民間調査の「全都市住みよさランキング」では、近畿圏の都市の中で、総合評価第3位の高い評価をいただきましたが、個別指標の分析も含め、今後も注目してまいりたいデーターであります。
　ともかく本市は、ニュータウンを中心として人的・物的にも高い都市資源を有しており、この力を今後の都市経営にどのように生かすかが、大きな鍵であります。

ニュータウンへの警鐘と対策
　このように本市の成長と活力を先導してきた「ニュータウン」でありますが、人口減少社会を迎える中で、平成17年4月に、国の経済財政諮問会議の下に設置された「日本21世紀ビジョン」専門調査会報告書の中では、「超高齢化

や人口減少の影響は、過疎地域のみならず、団塊の世代が多く住む大都市近郊地域でも深刻となり、全国に広く見られたニュータウンの中には、ゴーストタウン化するものがでてくる。」と指摘しています。

また、平成15年に国土交通省が行った意識調査によると、「今後望ましい住居地」について、「より日常生活に利便性が高い地域に住みたい」が、「より自然環境に恵まれた地域に住みたい」を大幅に上回った結果となっています。

さらに、本市の人口構造は、全国の人口ピラミッドとは異なった曲線を描いており、地域特有の課題も顕在化してくると考えています。

都市経営は商品開発

しかしながら、大都市近郊のニュータウンが、近未来には廃墟になるという悲観的な推測には組みすることはできません。

ニュータウンの先駆けと言われるイギリスの「レッチワース」は、ロンドン郊外の職住近接のガーデンシティとして、現在も高い評価を受けていると側聞ています。

本市においては、都市の世代間ローテーションを維持するために、関西学院大学をはじめとする高等教育機関の充実やテクノパーク等の働く場の確保に努めており、職学住近接の自立・中核都市づくりを進めてきたところであります。

私は、平成14年に策定した「総合計画：輝き三田21」に、都市づくりの理念として、「都市は、すべての市民が自らの幸福を享受するために、長年にわたる努力と願いを積み重ねてきた地域社会であり、市民自らが主体となって創り続けていくものである。」と述べてきました。

市民が都市を選択する時代に入ったことは間違いありません。そして、それぞれの都市が切磋琢磨しながら、生き残りを賭けた都市間競争の荒海に漕ぎ出す「都市経営時代」の幕開けでもあります。

このような先行き不透明な時代の舵取りは難しく、責任も一段と重いものがありますが、やりがいのある時代であります。

都市という商品をどう売るか、どう使い続けていただくか。そして何よりも、どれだけの市民が、一緒になって商品を創っていただけるのかという、経営戦略の浅深が問われているのであります。

　最後に、都市経営の成否は、オンリーワンの「三田市という商品」を開発し、地域に根づかせ、さらに育てあげることであると確信しています。

[略　歴]

昭和37年3月	中央大学工学部土木工学科卒業
昭和38年5月	東京都建設局勤務
昭和48年4月	兵庫県土木部勤務
昭和59年4月	兵庫県土木部総務副課長（三田市建設部長）
昭和63年4月	兵庫県土木部道路建設課参事兼企画部企画参事
平成2年4月	三田市助役就任(同11年3月退任)
平成11年8月8日	三田市長就任(現在2期目)

新宮市（和歌山県）

私のふるさと　和歌山県新宮市

新宮市長　上野　哲弘
（昭和43年卒）

　白門市長会設立おめでとうございます。地方自治体のあり方が問われている昨今、市長各位を始め、第一線でご活躍されている同門の皆様とのつながりを得て、非常に心強く感じております。
　さて、新宮市は2005年10月1日をもって、熊野川町と合併し、新「新宮市」としての歴史を歩みだすこととなりました。その前に、新宮市制72年の最後の市長として、愛する我がまちについて皆様にご紹介したいと思います。

新宮市のプロフィール

　「空青し、山青し、海青し」―郷土が生んだ望郷詩人　佐藤春夫が情熱を込めて謳いあげた新宮市は、紀伊半島の東南端に位置して太平洋に面し、温暖な気候風土は、森林や水資源を豊かにし、すばらしい自然環境の中にあります。
　また、歴史的に見ても古くは、神武天皇東征のコースにあって、日本書紀などには、熊野神邑（くまのかむのむら）とよばれ、古くから熊野信仰の中心都市として栄えるとともに、熊野三大社のひとつ、熊野速玉大社の門前町として発展し、今日まで熊野地方の行政、経済、文化、教育の中心都市として発展してきました。
　熊野川を産業の源として、木材産業が繁栄した新宮市も戦後の水力発電によ

るダム建設と国土幹線軸から離れた交通体系などにより、地場産業である木材産業が低迷し、住民と行政が一体となって地域の活性化を図るとともに、健康で心豊かなまちづくりに取り組んでいるところであります。

海・山・川が輝く世界遺産のまち

2004年7月、新宮市を含む熊野地域が「紀伊山地の霊場と参詣道」として日本で12番目の世界遺産に登録されました。

市内には、海岸の景観が大変美しい、「海の見える熊野古道・高野坂」があります。その昔、熊野速玉大社に詣でた人たちも、潮騒に見送られ、玉石広がる王子ヶ浜、荒波洗う御手洗(みたらい)海岸を抜け、熊野那智大社へと向かっていたことでしょう。

海の見える熊野古道「高野坂」

また、豊かな水量を誇り、荒々しさと神々しさをあわせもつ熊野川は、熊野本宮大社と熊野速玉大社とを結ぶ中辺路ルートの一部、「川の熊野古道」として位置付けられます。今秋には「川舟運行事業」も開始され、語り部からあまたの伝説を聞きながら、往時の熊野詣を体験していただくことができます。

いにしえの歴史が息づくまち

新宮市には多くの伝説と歴史、文化があり、浪漫的・耽美的な作品は近代的憂愁色濃く、文壇の大御所、詩聖といわれた佐藤春夫、東京神田駿河台に「文化学院」を創設した西村伊作、戦後生まれの作家としては初めて芥川賞を受賞した中上健次などを生んだまちでもあります。最近では、その独特の理論とオリジナルなストレッチで注目されているデューク更家も新宮市出身です。

「まちなか観光」を中心に、その魅力の一端をご紹介しましょう。

「熊野速玉大社」……本宮・那智とともに熊野三山のひとつに数えられ、かつては熊野権現の名で一大宗教王国を構成していました。同敷地内にある神宝館には、1,200点にものぼる国宝が保管展示されています。また、境内にある御神木の「ナギ」の大樹は、国指定の天然記念物です。熊野詣の人々は、この葉を必ずいただいて帰る習わしがありました。

ご神体のゴトビキ岩が鎮座する神倉山(かみくらさん)

　熊野川を舞台に繰り広げられる、神霊を遷したみこしを乗せた美しい神幸船と9隻の早船競漕による「御船まつり(10月16日)」は、熊野速玉大社の例大祭で、源平の合戦で勝利に導いた熊野水軍の勇姿を今に伝えています。

　なお、「新宮」という名前は、神倉山に祀られていた神を現在の社地に移し、それ以来、神倉山の元宮に対し、ここを新宮と呼んでいたことに因んでいます。

「神倉山(権現山)」……市街地の西方にそびえる神倉山は、熊野三所大神の降臨の地であり日本書紀に熊野神邑の天の磐盾と記載されています。ゴトビキ岩を御神体、高倉下命・天照大神を祭神とし、古代から霊場、修験者の行場として栄えてきました。

　「お燈まつり(2月6日)」は神倉神社の例祭で、原始信仰を伝える修験の儀式でもあります。暗闇の中、御神火を移し赤々と燃え上がった松明を手に、神倉山の山頂から急な石段を駆け下りる上り子たちの姿は、「山は火の滝　下り竜」と新宮節に唄われています。

「浮島の森」……市街地の中央部にあり、島全体が沼の中に浮いています。島には130余種の植物が森をつくり、珍しいシダや水生植物も見ることがで

きます。寒暖両生の植物の混生群落が珍しく、国の天然記念物に指定されています。

「新宮(丹鶴)城跡」……市街地の北、高台にあり、現在では公園として整備されています。熊野川や太平洋を見渡せることから沖見城とも称されていました。市内から海を望む眺望はどこも素晴らしいのですが、ここから見る日の出は、また格別です。

「徐福公園」……徐福は今から2200年ほど前、中国を統一した秦の始皇帝に仕え、その命により不老不死の霊薬を求めてこの熊野に渡来したと伝えられています。ひと際鮮やかな中国風の楼門。園内には、クスノキの巨木と天台烏薬に囲まれた徐福の墓があり、国内外から徐福の遺徳を偲んで人々が集まります。

「高田地区」……市街地からは離れていますが、日本の滝100選に選ばれた桑ノ木の滝などの「滝めぐり」コース、川を活かした「自然プール」、乳白色の露天風呂が好評の「雲取温泉」など子供から高齢の方まで自然を満喫できるレジャースポットです。

美味し都

ここ熊野新宮は、太平洋の大海原に抱かれ、新鮮な海の幸は言うに及ばず、山の幸、さらには銘菓まで、おいしい味覚の宝庫でもあります。その中でも代表的な味は、なんといっても「めはりずし」と「さんま姿ずし」です。郷土の文豪佐藤春夫は、故郷で一番美味しいものは一に"めはり"二に"さんま"と常々語っていたといわれます。

「めはりずし」……つけ物のタカナの葉を広げて、ごはんをつつみこんだ大きなおにぎりで、口を大きく開けて食べるとき目を張るのでその名がついたそうです。素朴ですが、野外で食べれば格別な味がします。熊野古道を歩かれる方は、ぜひお試しください。

「さんま姿ずし」……三陸沖から寒流にのって熊野灘に南下し、長い間、潮にもまれたさんまは、肉が引きしまり油も落ち、お正月には最高の寿司魚と

して珍重され、なくては通らぬほど故郷の味として定着しています。

「なれずし」……食通の方は一度、ご賞味を。当地方に古くから保存食として伝わり、鮎やサンマ、サバなどでつくられます。酢を用いず発酵させ、独特のうまみをかもしだしており、日本酒にもよく合います。

めはり寿し

その他、地元では愛情をこめて"おかいさん"と呼ばれている「茶がゆ」、お土産選びに迷うほど種類も豊富な「銘菓」なども堪能できます。

駆け足で、当市の魅力をお伝えしましたが、いつか皆様がふらりと訪れたときにご参考にしていただければと思います。あるいはテレビなどで当市を見聞きされたとき、ご自身のふるさとのように感じていただければ幸いです。

[略　歴]
昭和43年3月	中央大学法学部法律学科卒業
昭和43年4月	文昌堂入社(47年3月退社)
昭和47年8月	熊野タクシー入社(63年4月退社)
昭和50年5月1日	新宮市議会議員(平成3年2月20日まで4期)
昭和62年5月14日	新宮市議会副議長（同63年6月29日迄)
昭和63年11月	(有)みづの設立(平成12年3月解散)
平成3年4月30日	和歌山県議会議員（〜同11年4月18日迄2期)
平成12年6月	弁慶資料館館長
平成15年5月1日	新宮市長就任

津山市（岡山県）

文化と誇りあふれる街―津山

津山市長　中尾　嘉伸
（昭和34年卒）

　去る6月8日、多数の学員会関係者のご臨席のもと、念願であった白門市長会が設立に至りました。

　発起人の一人として、また一会員としても本当に喜ばしいことであり、本会の設立にご賛同いただき、温かいご支援を賜りました皆様方に心から感謝の意を表する次第です。

　青春時代を白門が掲げる高邁な学問の気風に感化されながら過ごし、現在では、地方行政の最前線に立って地域の振興と住民福祉の向上に奔走する日々を過ごす私達にとりまして、この白門市長会の存在は、精神面のみならず実務面においても大きな役割を果たし得るものと確信しています。

　地方分権改革が加速している今日、本会の設立が会員市区並びに中央大学の相互の連携を促し、ひいては地方自治の確立と進展に寄与することを願っています。

　さて、私ども津山市は、中国地方東部の中国山地と吉備高原に挟まれた津山盆地のほぼ中央に位置し、市街地を県下三大河川のひとつである吉井川が東西に貫流しています。

　本市の市域は、古代から現代に至るまで一貫して岡山県北・美作地方の政治・経済・文化の中枢を担っており、本年2月28日の周辺4町村との合併を経

た現在、人口約11万人、面積506.36km²を有する県北の中核拠点都市として新たなまちづくりに取り組んでいます。

　地域の歴史は古く、和銅6年(713)、備前の北部6郡を割いて「美作国（みまさかのくに）」が成立すると、そのほぼ中央に位置する津山市総社地区に国府が置かれるとともに、仏教による国の繁栄を祈願する「国分寺・国分尼寺」が市内国分寺に建立されました。

　また、中世には、守護職の居館である守護所が市内神戸（じんご）に構築され、現在は「院庄館跡（いんのしょうやかたあと）」として国の重要文化財に指定されていますが、元弘2年(1332)、後醍醐天皇が隠岐へ流された際、児島高徳（こじまたかのり）が天皇を慕って桜の幹に十文字の誌を刻んだという伝承の地として知られています。

　その後、慶長8年(1603)、織田信長の小姓・森蘭丸の末弟にあたり、信濃・川中島城主である森忠政公が18万6,500石を領して美作国に入封し、翌慶長9年(1604)から「鶴山（つるやま）」という丘陵で津山城の築城に着手しました。このとき、「鶴（つる）」を同じ和訓で平易な「津（つ）」に替えて呼んだのが「津山」の地名の始まりといわれています。

　石高に見合わないほどの立派な城は、13年の月日を費やし元和2年(1616)に完成しましたが、築城に合わせて城下の整備も進められ、半世紀の歳月をかけて城下町が形成されました。

　これにより、津山は県北・美作地方の中枢性を一層強めるとともに、当時の町割りが現在の市街地に継承されるなど、津山市の発展の礎となりました。

　森家は、4代95年でその幕を閉じましたが、その後、徳川親藩の松平家が10万石で入封し、以降、9代174年の歴史を刻みました。中国地方の中山間地域に位置しながら、幕末には、箕作阮甫（みつくりげんぽ）など多数の洋学者を輩出し、わが国の近代化に大きく貢献した事実は特筆に値します。

　明治4年(1871)の廃藩置県の後には、わずかな期間ではあるものの「津山県」、「北条県」がおかれ、その県庁が所在しましたが、明治9年(1876)をもって岡山県に編入され、明治22年(1889)の町村制の施行により「津山町」となり、昭和4年の2町4村との合併により市制を施行しました。

このように、古代から現代に至るまで、各時代の行政単位の中心施設が置かれ続けた地域は全国的にみても大変珍しく、これも本市の大きな特徴といえます。

　また、明治以降、本市を中心として早くから縦横に鉄道網が敷かれ、岡山県北の交通の要衝として、また中心都市として着実に発展を続けてまいりましたが、昭和30年代から40年代前半の高度経済成長期には若者を中心とする人口の流出が続き、過疎化が懸念された時期もありました。

　しかし、昭和50年、待望の中国自動車道の開通によって京阪神地域との時間距離が劇的に短縮されると、工業団地の造成と企業誘致が順調に進み、中国地方内陸部屈指の規模を誇る工業基地へと変貌を遂げることとなりました。

　これが若者の地元志向の高まりやUターン就業者の増加につながり、昭和45年に約7万6,000人であった人口は、10年後には約8万3,000人にまで増加しました。その後、中国四国地方の高速道路網の整備がさらに進んだことから、現在は、西日本における生産・物流拠点としての優位性を活かし、工業・流通団地への企業誘致を積極化しています。

　長い歴史を有する本市には多くの文化遺産が存在しますが、なかでも代表的なのが国の史跡指定を受けている津山城跡です。

　明治維新後、政府の廃城令により、津山城では天守閣をはじめとする城内のすべての建物が取り壊されました。しかし、その後、「鶴山公園」として整備された城跡には多数の桜が植樹され、「日本さくらの名所100選」に岡山県内で唯一選ばれるなど、数千本の桜が咲き誇る西日本有数の桜の名所として名を馳せています。

　本市では、平成16年（2004）が、1604年の津山城の築城開始から数えてちょうど400年にあ

桜が咲き誇る鶴山公園

往時の姿そのままに蘇った備中櫓

たると同時に、「津山」というまち・地名が生まれてから400年という大きな節目の年でした。

そこで、これを記念して、平成16年4月1日から平成17年5月5日までの400日を事業期間と定め、「再発見」「創造」「参加・交流」「発信」をキーワードに、多数の市民の参加を得ながら築城400年記念事業を実施しました。

この400日の間、津山城築城400年記念事業実行員会主催事業、津山市主催事業、市民自主企画事業、協賛事業など、100を超える事業を展開しましたが、趣向を凝らした市民手作りの事業が次々と実施され、年齢や性別を問わず本当に多くの方々の参加を得られたことは大きな収穫でした。

また、津山城跡では、平成10年度から「史跡津山城跡保存整備計画」に基づきその整備を進めてきましたが、平成14年1月、築城400年に合わせて本丸「備中櫓（びっちゅうやぐら）」の整備に取り掛かり、平成17年3月18日に完成しました。

森忠政公の娘婿である池田備中守長幸（ながよし）（鳥取城主。のち備中松山城に移る）に由来するといわれるこの櫓は、高さ約13m、幅約24m、奥行き約8m、延べ面積約288㎡の木造一部2階建てで、本丸南面の突出した石垣上に配置されており、津山城に存在した60を超える櫓のなかでも最大級の規模を誇りました。また、一般的な櫓とは違い、本丸御殿につながった造りとなっており、内部は本丸御殿の一部として藩主の居所にも使われるなど、珍しい特徴をもった櫓でした。

往時の建物が皆無の津山城跡にあって、このように重要な意味をもち、漆喰の白壁が映える美しい櫓が約130年ぶりに甦った今、城下町津山のシンボルとして、文化や観光の振興、さらには郷土に対する市民意識の高揚の面で極めて大きな役割を果たすものと期待されます。

津山城築城400年記念事業の実施にあたっては、市民一人ひとりが自分達の地域の歴史や成り立ち、そして、先人達のご労苦や偉大な業績への認識を深めたうえ、次なる100年のまちづくりを考える契機とすることを念頭に進めました。

　400日間にわたる記念事業を振り返るとき、成功裏に終了することができた達成感と安堵感を覚えますが、何よりも、予想を大きく上回る市民参加があったことに確かな手応えを感じているところです。

築城大石曳き（平成16年5月開催の記念事業）

　5市町村の合併から間もない現在、三位一体改革等の地方分権も急速に進められるなかにあって、市民が行政と理想や目標を共有し、まちづくりに主体的かつ一体的に取り組んでいかなければ変革の時代を乗り切ることはできません。

　こうしたとき、市民の自主・自立・連帯の精神の源泉となるのがまさに郷土への愛着や郷土への誇りです。築城400年記念事業で発露あるいは高揚した市民のこれらの想いをいかに市政の発展に活かしていくかが私の大きな責務であり、市長職の醍醐味であると考えています。

[略　歴]
昭和34年3月　中央大学法学部法律学科卒業
昭和34年4月　東光電気（株）入社（同38年1月退社）
昭和38年1月　中尾製紙（株）入社
昭和45年1月　同社社長に就任（平成7年5月辞任）
昭和55年6月　津山商工会議所副会頭就任（平成6年5月辞任）
平成7年4月　津山市長就任（現在、3期目）

〈主な役歴〉
しらゆり幼稚園理事長（昭和55年8月～）、岡山県農業共済組合連合会会長（平成11年5月～）、岡山県市長会会長（平成16年4月～）、全国地域づくり推進協議会会長（平成17年7月～）

玉野市（岡山県）

豊かさが実感できるまちづくり

玉野市長　山根 敬則
（昭和38年卒）

白門懐旧

　私が白門を潜り、青春を謳歌した時代も、もはや遙か彼方となりつつある。

　先日、30数年ぶりに御茶ノ水の大学付近を歩いたが、変わっていないのはニコライ堂くらいで、街並みのあまりの変貌に驚いた。

　中野から中央線で通学していたが、ゴシック調の建物に囲まれた広場で仲間を見つけては、授業をサボって近くの雀荘で麻雀ばかりしていた。

　正直、真面目な学生ではなかった。

　60年安保で校内は騒然としていたが、私自身はノンポリで、陸上部が全盛の当時、国立競技場に応援によく行っていた。

　就職が決定していたが、父の主治医より「癌だから地元に帰るように」と言われ帰郷した。

　ほどなく父は55歳で逝き、私が父の会社を継いだのは26歳であった。

　地元の玉野青年会議所に入会し、後に日本青年会議所の役員を数年間務めたが、その時の仲間が麻生総務大臣をはじめとする国会議員、知事、市長など数多くいる。

　青年会議所時代からボランティア活動等に携わっていたためか、地元国会議員の方や経済界から要請を受け、平成5年10月に玉野市長に就任した。

奇しくも、父が逝った歳と同じ55歳であった。
　自治体の長など夢想だにもしなかったが、本当に人生は何が起こるか分からないと思った。

玉野市の成り立ち
　玉野市は岡山県の南端に位置し、東備讃瀬戸に面した44kmの海岸線を持つ、温暖で美しい都市である。
　昭和15年8月3日に岡山県内4番目の市として誕生し、今年（平成17年）、市制65周年を迎えた交通の要衝でもあり、工業都市である。
　歴史を辿れば、古くは天然の良港として栄え、19世紀頃以来、塩の生産地となっており、また、明治の終わりに杉山製銅所（現在の三井金属鉱業㈱日比精錬所）、大正6年には川村造船所（現在の三井造船㈱玉野事業所）が開業されるなど、製造業を中心に栄えた都市でもある。
　さらに、県の主要貿易港である重要港湾「宇野港」を有し、対岸の香川県高松市とを結ぶ「宇高連絡船」は、昭和63年の瀬戸大橋開通に伴い廃止されたものの、現在でも高松、小豆島、直島などを結ぶフェリーや旅客船が、1日約300便運航されている。
　四国への海の玄関口は「24時間眠らない港」として今も元気に変わらぬ賑わいを見せている。

豊かな自然を活かした観光資源
　市内の主な観光スポットとして、まず岡山県下最大の海水浴場「渋川海岸」が挙げられる。
　約1kmに亘る白砂青松の美しい海岸は、全国の「渚百選」や「水浴場88選」にも選ばれており、年間約90万人が海水浴や瀬戸内の多島美堪能に季節を問わず訪れる。
　また、渋川海岸沿いに巨岩・奇岩を湛えてそびえる王子が岳からは、瀬戸大橋全景や遠く高松や四国連山が一望され、玉野を発祥の地に全国へ進出したお

もちゃのテーマパーク「おもちゃ王国」や「瀬戸大橋カントリークラブ」など、魅力あふれる施設が名を連ね、年間約50万人の人出を数える。

加えて、渋川海岸エリアには、「玉野海洋博物館」、「ダイヤモンド瀬戸内マリンホテル」、また、その他市内には、西日本随一の集客数を誇る地元農海産物の直売所「道の駅・みどりの館みやま」や、英国技師設計による本格的英国式庭園「みやまイギリス庭園」などを有する都市公園「深山公園」へ年間約160万人が訪れるなど、近年、本市一帯は県下屈指の観光エリアへと成長を遂げている。

宇野港再開発風景

さらに、ここ数年、宇野港からフェリーにて約15分という至近に位置する香川県直島町において、ベネッセアートサイト直島として、平成4年に現代アートを展示するベネッセハウスが、平成16年にはモネの絵画等を展示する地中美術館がオープンし、国内はもとより海外からの多くの観光客が宇野港を起点に往来するなど、新たな賑わいも生まれている。

新しいまちづくりに向けて

本市は豊かな自然環境に恵まれているものの、昭和63年の瀬戸大橋開通以後、高速道路網や幹線鉄道網体系から外れ、さらにオイルショック以後の造船不況等も重なり、最盛期には8万人だった人口は、平成12年以降、7万人を切る状況が続いている。

しかしながら、現在、一転、市勢再興に向けた都市基盤整備が着々と整いつつある。

その1つが、本市と岡山市を結ぶ「国道30号線・完全四車線化」である。

延長15kmに及ぶ四車線化事業は、平成17年度中の事業完了予定であり、完成

国道30号線完全四車線化・完成記念式

後は県都岡山との利便性が格段に向上することから、定住人口の増加はもとより、本市の豊かな観光資源の一層の活用にも大いに資するものと期待される。

さらに、加えてもう1つの基盤整備が宇野本港再開発である。

かつて「宇高連絡船」の本州側の港であった宇野港は、現在、新たに24時間活動する賑わいと潤いのある交流型ウォーターフロントとして再開発が進められている。

「国道30号線・完全四車線化」と合わせ、平成17年度には、3万t級の大型旅客船の接岸可能なバースを有する「人流港」として、さらには耐震バースを備える避難港として再生されることになる。

少子・高齢化、環境、財政問題等、地方自治体を取り巻く経営環境には極めて厳しい者があるが、2つの重要都市基盤の完工により、さらなる発展が期待される。

「海・港・船」をキーワードに都市づくりを進めているが、住民福祉向上を目指した「豊かさが実感できるまちづくり」に全力を挙げて取り組んでいる。

また今年は、43年ぶりに「晴れの国おかやま国体」が開催される。

玉野市でも「弓道」、「フェンシング」、「バレーボール・少年男子」、「自転車・トラック」、「ビーチバレー」と5競技が開催されるが、「笑顔でおむかえさわやか玉野」のキャッチフレーズの下、準備を進めている。

[略　歴]
昭和38年3月　中央大学法学部政治学科卒業
昭和38年4月　日本テクノサービス(株)(旧・山根船舶工業(株))入社
昭和39年9月　同社代表取締役社長
昭和40年　山陽設計工業(株)代表取締役社長

昭和45年4月	玉野市都市計画審議会委員(昭和53年3月まで)
昭和49年11月	(株)日本情報管理システム代表取締役社長(平成3年7月退任)
昭和52年4月	玉野市公平委員(昭和62年3月まで)
平成5年10月29日	玉野市長(現在、3期目)
平成6年	山陽設計工業(株)代表取締役会長
平成13年6月	日本テクノサービス(株)取締役相談役退任

〈主な役歴〉

玉野青年会議所理事長、日本青年会議所アジア委員会委員長、同岡山ブロック協議会会長、同中国地区協議会会長、同監事、玉野商工会議所青年部会長、同副会頭、中国国道協会会長、全国治水砂防協会理事、港湾都市協議会副会長、日本港湾協会評議員、全国市長会評議員、山の緑を守るネットワーク協議会会長、瀬戸内・海の路ネットワーク推進協議会会長

呉 市（広島県）

歴史を大切にするまちづくり
―大和ミュージアムの開館―

呉市長　小笠原 臣也
（昭和32年卒）

はじめに
　戦後の混乱が落ち着きを見せてきた昭和28年4月、私は、憧れの白門の学生となりました。法学部に入ったにもかかわらず、高校時代、弁論部や中国詩研究会に入部していた影響もあり、歴史好きが高じて、そういう方面の授業ばかり受けておりました。
　一時、呉市出身の元外務事務次官で後に駐英大使や衆議院議員にもなられた松本俊一さんに憧れて、外交官を目指したこともありましたが、縁あって、昭和33年4月、自治庁に入庁し、以来、地方行政一筋の道を歩んでまいりました。
　そして平成5年11月、故郷呉市の市長に就任させていただいたのですが、白門で学んだことやその後の経験、人とのつながりは、市政を推進する上で、大きな影響となるとともに大変役立っております。

呉市の歩み
　さて、私が市長を務めている呉市は、激動の日本の近現代史とともに歩んだまちであります。
　明治初頭までは静かな村落でございましたが、明治22年の海軍呉鎮守府開

庁、明治35年の市制施行、翌36年の呉海軍工廠設置により、戦前においては、戦艦「大和」を建造した、東洋一の軍港、日本一の海軍工廠のまちとして栄えました。

　戦後においては、世界最大級のタンカーを数多く建造する瀬戸内海有数の臨海工業都市として、我が国が戦後約10年ほどで世界一の造船国へ発展する一翼を担い、日本の復興と経済成長に大きく貢献してまいりました。

　平成14年には、市制100周年を迎え、本年3月20日、瀬戸内海という世界に誇る財産を共有する近隣8町との合併が成就し、全国有数の300kmの海岸線と、4,200haの国立公園を有する新生呉市として出発いたしました。

呉市のまちづくり

　呉市は、こうした歴史とその間に形成された高度な都市基盤、平和と安全に貢献する都市の役割、優れた産業・技術・人材の集積、瀬戸内海を背景とした豊かな自然や文化といった固有の特性を有しております。

　堺屋太一氏は、全国の自治体はそれぞれ異なった固有の自然と歴史を有している、それを磨いていくことが大切だと言われていますが、まさに、私どもは、「創造とふれあいの海洋・拠点都市」を目標に、こうした呉市の特性を充分に認識し、それを最大限活用したまちづくりを進めております。

　なかでも、「歴史を大切にするまちづくり」に努めておりますが、「歴史は人を賢くする」とか「歴史は人を謙虚にする」とか言われるように、私たちの先人が、その時代時代をどのように懸命に生きてきたかを知り、その努力の積み重ねの上に今日の私たちがあることを悟れば、家族や地域や国への愛着が生まれてまいります。

　呉海軍墓地のある公園の整備、「大和におもう」シンポジウム、旧呉鎮守府司令長官官舎である入船山記念館の国の重要文化財指定、200以上のイベントを開催した市制100周年記念事業、全国的にも珍しい「呉の歴史絵本」の作成など、様々な事業を行ってまいりましたが、その集大成とも言えるのが、呉市海事歴史科学館「大和ミュージアム」であります。

大和ミュージアムの開館

　大和ミュージアムは、明治以降の日本の激動の近現代史とともに歩んだ呉の歴史と先人の苦労、戦艦「大和」に代表される呉で培われた優れた技術を紹介し、わが国の歴史と平和の大切さ、科学技術の素晴らしさを知っていただく呉ならではの博物館であり、本年4月23日、中曽根康弘元内閣総理大臣はじめ、多くの皆様のご出席のもと、オープンいたしました。

　平成2年からの基本構想の策定に始まり、資料の収集、基本計画、展示計画、建物の建設など、およそ15年の歳月をかけたこの博物館が開館の運びとなったことは、誠に感慨無量のものがあります。

　そして、この事業は、全国的に賛同を呼びかけるべきだと代表発起人をお引き受けいただいた中曽根先生をはじめ、貴重な資料や資金の提供をいただいた方々、展示や建築に携わっていただいた方々など、実に多くの皆様のご協力とご支援をいただきました。

　幸い、様々なメディアで取り上げられたり、東映による「男たちの大和」の映画製作も話題となり、当初の年間目標としていた40万人という来館者は3カ月待たずして突破し、連日盛況を呈しております。

　展示内容についても大変高い評価をいただき、大きな波及効果を生むとともに、呉市の名前と都市の力が全国に発信され、大反響を呼んでおります。

　先般も、中央大学の外間寛総長や中央大学学員会会長で元建設大臣の中山正暉会長にご覧いただきお褒めの言葉をいただいたのですが、一時的ブームや興味本位の観覧に終わらせることなく、今後いつまでも、修学旅行生など国内外の多くの方に訪れていただき、来館を機に歴史

大和ミュージアム

や科学技術について、より深く広く学習する契機にして欲しい、さらにこの大和ミュージアムを中核として新生呉市が誇る瀬戸内海の恵みを満喫していただきたいと心から念願しております。

大和ミュージアムに展示している10分の1戦艦「大和」

おわりに

　一昨年、同期の白門三二会の皆さんに来呉いただき、大和ミュージアムに展示する資料をはじめ、呉市のまちづくりを見ていただき、旧交をあたためるとともに、色々とご示唆を賜り、同窓とはつくづくありがたいものだと改めて感じました。私が歴史を大切にするまちづくりを進める原点は、白門での貴重な青春にあります。

　このたび白門市長会が創立されましたが、県内では庄原市の滝口市長さんや大竹市の中川市長さんがおられまして、母校を介して、市長同士連携し、切磋琢磨してまいりたいと思います。そうした中で、新しい分権時代に対応し、新生呉市が誰もが住みやすく、多くの皆様にお越しいただける、そして国内外に貢献できる都市となるよう、懸命に取り組んでいく決意を新たにしております。

[略　歴]
昭和32年3月	中央大学法学部卒業	昭和44年7月	経済企画庁総合開発課
昭和33年4月	自治庁採用	昭和47年6月	自治省地域整備課課長補
	鳥取県総務課		佐、以降、選挙課課長補
昭和37年10月	自治省公務員課		佐、理事官
昭和40年5月	鹿児島県離島振興課長	昭和50年7月	松山市助役

昭和56年4月	自治省管理課長、以降、選挙課長	平成5年7月	退　職
昭和59年7月	自治省選挙部長	平成5年11月19日	呉市長就任(現在3期目)
昭和62年9月	広島県副知事(平成3年9月再任)		

大竹市（広島県）

市民の手づくりイベントで50周年を祝う

大竹市長　中川 洋
（昭和47年卒）

瀬戸内海の工業都市として

　広島県の西の玄関と言われる本市は、昭和29年9月に周辺の町村が合併、県内11番目の市として誕生し、昨年で50年の大きな節目を迎えることができました。広島市から西におよそ30数kmに位置し、県境を流れる小瀬川を挟んで、山口県と隣接しています。人口約3万600人、面積78.14k㎡、日本三景の1つ、安芸の宮島を望む瀬戸内海に面した、臨海工業都市として発展を遂げてきました。

産業振興で自立の道を

　現在本市では、「産業振興」「教育・子育て支援」「市民参画によるまちづくり」を大きな柱として、数々の施策を展開しています。

　産業に目を向けますと、今も残る県内唯一の手すき和紙生産は、江戸時代から行われていましたが、明治・大正期の最盛期には、1,000軒以上の和紙の生産者がいたと言われています。小瀬川の豊かな水で育まれた技術が、やがて近代的な製紙工業へと受け継がれてきました。また、伝統工芸品として、この手すき和紙を使った手描き鯉のぼりがあります。現在では、和紙の鯉のぼりは、全国的にもめずらしくなり、民芸品としても高い人気となっています。

産業のまち大竹市を象徴するコンビナートの夜景

　昭和30年代に入ると、企業誘致が積極的に行われ、化学繊維、パルプなどの工場をはじめ、山口県の岩国市、和木町へと連なる国内初の石油化学コンビナートが形成されました。これらの産業は、日本の高度経済成長期の一翼を担うとともに、街の発展を支えてきました。

　現在も産業振興施策として、港湾整備等の大型事業が進行中です。産業の振興により財政的な基盤を固めていくことが、自立への道を確かなものとしていくと信じています。

　こうした産業の街という特性を生かしたまちづくりの中で、平成の大合併というものを私は捉えています。

　広島市の発展に伴い、その周辺へと市街地は拡大してきました。しかし本市は、それらのまちとは、まちのあり方を異にするのではないかと感じています。同じ生活圏であり、産業的な結びつきの強い隣県の街と一体化したまちづくりこそが、市民の幸せにつながるのではないかと思うからです。将来的な県の合併や道州制を見据えた上で、当面は単独市制を堅持することが、選ぶべき道ではないかと考えています。

市民でつくる市民の街に

　現在地方自治体は、大きな転機に直面しています。行政側の思い込み、市民の側は行政におまかせという体質で進めてきた施策やまちづくりでは、真の市民の声を反映しにくくなってきた状況もあります。これからのまちづくりを進めていくためには、開かれた行政、市民の参画ということが不可欠になってきたことは言うまでもありません。市民の手による市民のための街、それを実現していくために、行財政システム改善推進委員の市民からの公募を始めとし、

様々な意見を市政に反映させる仕組みづくりを進めています。

市制施行50周年を市民の力で実現

　市制施行50周年を迎えるにあたり、今までの行政主導の事業でなく、市民自らの手で祝いましょうと呼びかけたところ、20代から70代までの幅広い年齢層の市民の方が集まり、プロジェクト50市民委員会が結成されました。

　また、50周年を祝う『夢あるアイデア』を公募したところ、たくさんの素晴らしい企画が寄せられました。これらを基に市民委員会の皆さんが、どうすれば50周年にふさわしいものになるか話し合い、そして具体化していき、バラエティに富んだ手づくりイベントの数々を実施されました。

　そして、50周年の最後を飾るイベントとして、市役所を主舞台に、フィナーレイベント『50年だよ全員集合！』を平成17年3月27日に開催、工夫を凝らした市民参画型イベントで、50周年を締めくくることができたのです。

　市民委員会の皆さんは、イベント会場を市役所に選んだ意味を次のように語ってくれます。

　「市民と行政とが一緒に50周年を祝うためです。普段市役所に出向くことのない市民の方に、市役所とはこういう仕事をしているところだと知ってもらうことで、市民、議会、行政の距離が縮まると考えました」。

　イベント当日の日曜日に臨時開庁、通常の業務も行う中で催しが行われたことで、市民の皆さんが、市民参画、協働というものの意味を考えてくれるきっかけになったのではないかと思います。

　もともと行政と市民は遠い存在ではありません。何より行政に携わる人間も一人の市民にほ

フィナーレイベント『50年だよ全員集合！』のステージ広場での保育所児童による歌・遊戯

かならないのですから。

人づくりでオンリーワンのまちづくり

　最近私は、庁内 LAN を通じて職員一人ひとりに私自身の市政に対する思いを発信しています。堅苦しい言葉でなく語りかけるように思いをのべることで、職員との情報共有化、意識の共有化になればと願っています。

　いかに街をよくしていくかということは、その街のことを思う人が、どれだけいるかということだと思います。まずは職員一人ひとりが、街をよくしていこうという思いを強く持つことが、市民のため街のためになると考えています。そのために「人づくり」は大きなテーマであり欠くことのできないソフト事業です。飽くなき挑戦・飽くなき変革の精神を持った「人材育成基本方針」は、その指針となればという切なる思いを込めて策定しました。職員の資質向上こそが、市民と共に考えるオンリーワンのまちづくりの礎になると確信しています。

[略　歴]
昭和47年3月　　中央大学商学部卒業
昭和47年4月　　㈱中川哲商店役員
平成7年9月1日　大竹市議会議員(平成14年2月28日まで2期)
平成14年6月30日　大竹市長就任

徳島市 (徳島県)

新しい徳島のまちづくり

徳島市長　原　秀樹
(昭和56年卒)

　皆さんお久しぶりです。昭和56年法学部卒業の原秀樹です。
　この度の白門市長会の創立にあたり、西川前小松島市長さんはじめ関係各位のご努力に対し深く敬意を表する次第です。
　私は大学卒業後、平成元年9月に徳島県議会議員に初当選し、平成12年まで4期県議会議員をつとめ、その後、約3年の私立幼稚園理事長職を経て平成16年4月に徳島市長に就任いたしました。私が市長選に立候補した動機のひとつに何とか生まれ育ったまちを良くしたいという気持ちがありました。4年という任期期間中に少しでも徳島市が良くなったと市民の皆さんに感じていただけますよう一生懸命頑張りますのでよろしくお願いいたします。
　まず、私が市政推進のために一番大事に思っていることは、「まちづくりの主役は市民」ということです。
　だれもが夢と幸せをつかみ取ることができる安心・安全・安定の徳島の創出、誇りと創造・笑顔・個性をはぐくむ元気な徳島を演出することが大切であり、市民と行政の協力のもと、市民が主役のまちづくりを進め、活力があり、個性豊かで安心して暮らして行ける市民の生活に視点を置いた市政運営が、今、最も求められているものであると考えています。
　そのためには、市民との信頼関係の構築が不可欠です。市長も職員も公の奉

本庁舎東口前にてあいさつ一声運動

仕者であるという原点に立ち還り、職員一人ひとりが24時間公務員であることを肝に命じ、公正で清廉な市政を執行しなければなりません。新規採用職員から管理職にいたるまで職員研修がありますが、その中で市長講話という時間があり、私は職員に、「もちろん、私も一生懸命やる。皆さんも少しでも徳島市を良くしようという共通認識を持って欲しい。市役所をはじめ市の施設を訪れた市民の皆さんに、嫌な思いをして帰ってもらうことのないようにしよう。」ということを訴えるとともに、昨年8月から「おはよう」とか「お疲れ様」などのあいさつ一声運動の実施を、本年5月には私を含め職員の名札を大きく見やすいものに変更し、親しみのある市役所へと職員とともに努力を続けています。

　次に、本格的な地方分権時代を迎え、本市においても厳しい財政状況を踏まえ、しっかりと地に足をつけ、自立した地方自治を進めていく必要があります。

　市役所自らが行財政改革に取り組むのはもちろんですが、これまでのように行政があらゆる課題を抱え込むというやり方ではなく、市民と行政がお互いに協力し合い、知恵を出し合って、一緒に課題の解決にあたっていくというパートナーシップの構築が不可欠です。そのためには情報の共有化が必要で、市の置かれている状況や、何を目指しているのかなどを知ってもらうことが肝要です。

　これからのまちづくりというのは、これは徳島市に限らず、市民の皆さんが一緒になってやってくれないとうまくいきません。今後、景気がよくなったとしても、市民意識の問題も含め、これだけ行政ニーズが多様化している中で考

えると、とても市役所だけではまかないきれるものではありません。

また、私は1人でも多くの人に徳島に来てほしいと思っています。徳島といえば、8月12日から15日までの4日間市内各所で行われる阿波おどりは世界的に有名ですが、観光資源のグレードアップとして、四国霊場88カ所の世界文化遺産登録を目指したいという思いがあります。四国霊場は一番札所である

阿波おどり会館前にてお遍路さんの休憩小屋「眉山」落成式

鳴門市の霊山寺に始まり、さぬき市の大窪寺に終わります。徳島県には24カ所、高知県には16カ所、愛媛県には26カ所、香川県には22カ所霊場がありますが、そのうち徳島市には、13番札所の大日寺から17番札所の井戸寺までの5カ所あります。

そもそも四国霊場88カ所とは香川県に生まれた弘法大師空海が修行を行った地として伝えられている寺々です。弘法大師の足取りを巡礼することが四国遍路で、その起源は平安時代に遡ると言われており、非常に長い歴史があります。

現在、日本国内で世界文化遺産に登録されているのは、広島市の原爆ドームなど9件に加え、昨年は紀伊山地の霊場と参詣道が、また本年には白神山地、屋久島に続く3番めの自然遺産として知床が登録されました。

四国霊場88カ所も世界文化遺産に登録できれば、四国全域に図り知れない効果があるということは、皆さんにも分かっていただけると思いますので、関係自治体に働きかけるなどして、実現に向けて努力していきたいと考えております。

子育て支援ネットワーク「スキップ」にてクリスマスパーティー
「市長サンタがやって来た」（写真中央　原市長）

　また、これからの一番の大きな課題というのは少子化の問題と思っています。徳島市も合計特殊出生率が全国の1.29とほとんど変わらない低い数字となっておりまして、そうした中でいかに子どもを産んでもらえるかということについては、若い夫婦が将来設計をするうえで、大きな意味での安心感がないとなかなか子どもを産もうという気にはならないと思います。市として、安心して子どもを産んでいただけるような環境づくりについて、何ができるかという点について考えていかなくてはなりません。

　子どもの教育というのは、すぐには結果が出せるわけではないのですが、次代を担う子どもたちを健全にすくすく育てるというのは、世界のどの国においても、大人の一番大事な責任であり、子どもの立場に立った保育政策、教育政策が必要ではなかろうかと思っています。

　さらに、昨年は観測史上最多の台風の日本列島上陸や新潟中越地震、スマトラ沖地震など自然災害により各地に大きな被害が発生しました。昨年の災害を教訓にして、風水害や今世紀前半に発生が予想されております東南海・南海地震などの災害に速やかにかつ適切に対応するために災害に強いまちづくりを推進していく必要があります。

　最後に、行政を取り巻く環境には厳しいものが多々あり、それぞれの課題へ適切に対応しなければなりませんが、仕事は人なりの考えのもと、「一か八かの賭けは困るけど、多少のリスクがあっても、徳島市のため、市民のためにこれはいいと思える政策があれば、すぐに上司に話せ」と職員に話しています。ボトムアップによる政策形成の出来る組織づくりや人材の育成を積極的に進めていくことが必要であると思っています。

一方、即決、即断を必要とする事案も多々ございます。これに関しては、トップダウンで強い意思を持って、断固としてやり抜くことも必要です。
　徳島市が「変わったな」と言っていただけるにはちょっと時間がかかるかも分かりませんが一生懸命働きますので、皆さま方、徳島市の施策についていろんなご注文なり、参考になるご意見がございましたら、どしどし教えていただきまして、徳島市が少しでも良くなるよう、今後ともよろしくご指導の程お願い申しあげます。

［略　歴］
昭和56年3月　中央大学法学部卒業
平成元年9月20日　徳島県議会議員（平成11年4月30日迄4選）
平成12年3月22日　徳島県議会副議長に就任
平成13年6月　学校法人原学園白うめ幼稚園理事長
平成16年4月19日　公選により徳島市長に就任

小松島市（徳島県）

地方自治の確立を願って

前小松島市長　西川 政善
（昭和41年卒）

ふるさとのかじとり役

　中央大学法学部3回生時に佐藤 竺(あつし)ゼミ「地方自治演習」を履修することになった。もともと父母への思慕やふるさとへの指向が強かった私であったが、以後2年間の演習は一段とその傾向を深めた。一方、1回生より所属していた「辞達学会（弁論部）」でも、首都圏大学が会場の雄弁大会では「東京診断」の演題で、地方の大学が会場となった弁論大会や地方都市での街頭・公民館等の遊説では「地方自治の確立を願って」獅子吼したものだ。前者は当時私たち学生をはじめ、年間2～30万人ペースの人々が東京へ一極集中、都市計画等あらゆる面で社会問題化し、花の東京の空はスモッグが覆い、隅田川などは汚れに汚れ花火大会も中止した程であった。この過密状態を脱すべく政府、経済・産業、大学教育機関等の地方移転を訴えた。後者では、ようやく中学校や高校を卒業して就職・進学するにしても、大都市部、特に諸企業・諸機能が集中する東京へなびき続け、地方は疲弊し、財政も弱くなる一方だ。そこで都市部に集中している政府機関や大学・工場などを適切に再配置し、地方自治の確立を図るべきだと主張した。40有余年を経たいま振り返ってみても、この主張は、そんなに大きく間違っていないと思う。こんな思いで8年間の東京生活を終えてふるさとに帰った私は、28歳で市議会議員、32歳で県議会議員（4期）、そし

て46歳で市長（4期）と計9回ふるさと小松島市民と共に地方自治を語り、そのかじとり役にひたすら精進し、今春2月2日に勇退したところである。

小松島市の概要
　東経134°35′、北緯34°、面積45.11㎢、人口約4万4,000万人、昭和26年市制施行。その歴史は、平安時代の古文書に「中の湊」と記された港町だ。京都の影響を受け、「小松島」の地名も京都の公家小松卿の荘園が島状にあったところからくるとされる。その後、源義経が摂津渡辺の津から嵐をついて船出、わがまちの一角に着き、加勢する豪族を増やしつつ陸路屋島に向かっている。また、四国88カ所霊場の18番（恩山寺）、19番（立江寺）もあって、老若男女の心の道場となっている。このように古来、わがまちは交流の拠点となって時代の役目を果たしてきたし、今後もその方向は変わらないと思われる。先人の努力の上に臨海部に漁業、港湾関連業、商工業、医療・保健・福祉機能が集積し、平野部と丘陵地に農業、教育、福祉、沿道サービス業が盛んである。
　そんなわが市の基本構想・総合計画では、あるべき都市像のコンセプトとして、前半（平成元年から10年間）は「太陽と水と緑豊かな国際港湾都市小松島」とし、それ以降は時代背景を反映させて「優（you）・愛（I）タウン小松島」とした。

「一分の一」の世界と4期16年の歩み
　「首相」・「首長」と言われる。内閣総理大臣の立場は私の想像を超えるものがあるが、知事・市町村長もまた同じように「一分の一」の世界である。
　その規模の大小に拘わらず、あらゆる現象に目を配り、声なき声にまで耳を傾け、多くの条件や意見のある中で、限られた財源等を考慮して、しぼり込み、決断しなければならない。孤独な決断は必ずしも多数の人々に歓迎されるものばかりではない。むしろ「快なるかな」の達成感を味わえるものは十に一つあるかないかである。
　私は平成元年1月に初当選、平成第1号の市長となった。前任の麻植　豊氏

は「おしん市長」と呼ばれ、80歳を超える年齢まで堅実・公正な市政を貫かれた。しかし財政は厳しく、赤字（一般会計と競輪、市バス、国保など特別会計）でバトンを受けることとなる。前任者の「がまんの市政」に敬意を表しながら竹下内閣のふるさと創生、その後に続くまちづくり推進、総合整備債適応事業など交付税措置のある事業展開を積極的に取り入れ、市政の懸案事業を具体化するとともに、職員定数の削減（620人から509人）、事務事業の見直し、アウトソーシング、機構改革、物件費等の経費節減、給与減額など市民の支援を得て職員と一致協力して、黒字化してきた。また、収益事業の競輪は、ふるさとダービー3回、西王座戦1回を誘致し、市議・職員一致して営業活動をし、それぞれ4日間で211億、229億、232億、162億余円と売り上げ記録を達成し、その一部を一般会計へ繰り入れた。さらに財団法人を立上げ、競輪記念基金からそれぞれ3億円の原資を得て、市商工会議所が入居する市総合コミュニティーセンタートレピおよび市民にも開放し能の公演などを行うサイクルシアターの建設など2事業が完了した。

　一方懸案の国道55号バイパスが供用され、海岸侵食対策・なぎさリフレッシュ事業、多目的国際貿易ターミナルのマイナス13m・10m岸壁および400m走路・サッカー場、野球場、テニスコート、親水海岸など多目的緑地および、約2キロメートルの港湾アクセス道路が完成。また赤十字病院移転建替え・再開発ビル建設と都市計画道路（約2km）が平成18年春完成見込みとなり、すでに完成している約1.9kmの旧国鉄軌道敷跡地を活用した自転車歩行者専用道、4ヘクタール余の旧操作場跡にステーションパーク（SL広場・たぬき広場）、市立図書館生涯学習センター、国のみなと合同庁舎、ミリカホール・保健センターの完成、県のしおかぜ公園等とのネットワーク化で、この一帯が保健・医療・福祉ゾーンとしての体裁を整えたと思っている。

　また平野部の3地区で、計約440haの圃場整備、地盤沈下・特別排水対策事業が完了、ふるさとの川整備事業、紀伊水道高潮対策事業1カ所が完成、続くもう1カ所が着手され、近隣2市2町にまたがる農地防災事業も着実に進捗している。

衛生関係では新廃棄物最終処分場を作り、旧最終処分場を安定化対策を施して閉鎖、焼却場のダイオキシン対応、し尿処理施設を更新した。
　防災対策として、ミリカホール内および和田島緑地内倉庫に食糧を備蓄（2万7,000人、3日分）、和田島緑地耐震貯水槽に50tの貯水量(5,500人、3日分）、自主防災組織12カ所(目標25地区、25カ所以上)を結成し、雨水・汚水分流式公共下水道事業の着工、耐震岸壁の事業化も着手した。
　さらに小・中学校校舎・体育館改築を計画的に実施し、武道館、公民館、地域ふれあいセンターを建設した。これらの施設を活用し、第48回東四国国体の少年剣道・自転車競技（トラック・ロード）を成功裡に実施した。
　四国8の字ハイウェーで一番遅れてしまった四国横断道は、ようやく鳴門―徳島間が着工、徳島―小松島間もその前提となる徳島マリンピア二期工事が起工され、小松島―阿南間は新直轄方式での建設が決まり調査費がつき、各種取り組みが行われている。
　明治以降本市の活力であった本港地区の定期航路が廃止され残念至極であるが、市民、広く県民、学者、国・県の協力の下、ヨットハーバー等社会実験、物産店、喫茶店、各種イベントを含め、国土交通省認定の「みなとオアシス」の諸事業を、NPO法人が積極的に展開し、新しいみなとイメージを作りつつある。

三位一体改革でひとこと

　夏、到来。連日30℃をこす真夏日と熱帯夜が続く。渇水の心配もあちこちから聞こえ、台風シーズン到来である。一方、もう一つの暑い夏が始まった。「国と地方の税財政を見直す三位一体改革」の熱い議論と取り組みである。だがどうしたことか、今年の幕開けの熱気は昨年、一昨年と比べいささか低調ではないのか。これまで全国市長会の財政委員会副委員長、三位一体改革推進会議のメンバーとして第一線で活動した私には殊更にそんな気がしてならない。といっても地方の熱気はすこぶる高い。6月早々に8,000人規模の地方6団体決起集会を開き、7月中旬にはわが徳島市で全国知事会議が真剣な議論の末、

2つの大きな課題を決め、その後全国市長会、同町村長会等地方6団体と調整協議の上、7月20日内閣総理大臣に地方6団体案を手渡している。内容のその1つは、昨秋政府・与党間で合意された2006年度までの「三位一体改革の全体像」のうち、3兆円規模の税源を地方に移すという目標に対し、昨秋までにメドのついた2兆4,000億円を除く残りの6,000億円の税源移譲につながる国庫補助負担金に対しその額を超える約1兆円削減リストを示したこと。その2は、'07年度以降の「第二期改革」を国が認め、「国と地方の協議の場」を法律に明記するよう求めることである。同日上京していた私は全国市長会事務局で聞いたことだが、地方案を受理した首相は、「真摯に対応する」、「地方の意見を尊重する」と発言したそうだ。地方側の手順、スケジュールは昨年にも増して熱心に進めているが、どうも国側からの熱が今ひとつ伝わって来ないというのである。案の定翌21日の各報道では、「冷める国側」、首相が地方案に対し「まあ頑張る」と記者団へ発言、一方、「地方側に危機感」、「地方は一層の奮起を」など見出しがおどった。

　なぜ、こうなのか。マスコミはうがった見方を示す。郵政民営化法案の参院採決を前に敵を増やしたくない、族議員を押し切ってでも実現しようとする熱意が失せている、政権交代の可能性が高まりつつある、不毛の議論はもうやめてあとは枠組み通り粛々とやるだけ、いや改革の枠組み自体が雲散霧消するのではないか、国ではもう消化試合の様相であるなどなど。

　こんな報道を見ていると、改革の受け止め方が、どうも国会や中央省庁周辺と地方側とで大きなへだたりがあるとしか言いようがない。なさけないことだが、ここまで来て「そもそも論」をまたぞろ問い直す必要を覚える。そもそも、国庫補助負担金の廃止・縮減と地方交付税の見直し、国から地方への税源移譲を3つ同時に進めるこの改革は、地方分権を求めてきた地方側にとって大きな期待がある。すなわち自主・自立、住民本位の自由度を高め、自己決定自己責任をあわせもった個性ある自治社会を構築するのが目標であったはずである。しかし国や中央省庁の取り組み姿勢は、肥大化した国・地方の財政再建の手段として捉え、特に国において地方交付税等を見直し削減することで国家財

政を建て直す方がもっぱらで、むしろこれまで有効に制度的に処理されてきた財源を地方が分どりにきたといった気持ち、あるいは仮に財源を確保しても果たして地方にそれを実施する能力があるかどうか疑問である、とタカをくくっているフシがあるとの厳しい意見も聞こえてくる。

しあわせな国民生活は基礎的自治体で

　地方分権は、世界の趨勢からみて、また成熟化し少子高齢化の著しいわが国にあって、これからの日本のありよう、この国のかたちを考えるときに欠かすことのできない課題である。

　国と地方が対峙する関係に立つのではなく、法律の定めた「対等の立場」で、国会の決議内容を踏まえて冷静に考えると、この三位一体の改革の成果は国民のためのものであり、国と地方が共有するものである。であるのに実質的な最終決定権は国が握ったまま改革が進められている。だからこそ前述したように地方側から意見や案を申し上げ、これを受理し、真摯に受け止め、尊重して進めていくというものの、国会をとりまく諸情勢や力関係、政府部内の不一致などで「地方包囲網」が着々と築かれ、冷めた対応となっているのではないかと、思われる。

　問題は、「何のために、何をするのか」である。目標、目的をきちんと見据えて、そのために英知を集めて何をどうするかを決定し、決めた手法を情熱を持って推進し行動することである。この国の将来あるべき分権型社会システム構築に向かって、地方分権という目標を実現するために、三位一体改革を有効な手法と確認し、小異を捨て大同につく信念で勇気と情熱をもって全力を尽くす、このことを国と地方がお互いに再確認し切磋琢磨すれば、やがて自治意識旺盛な地域住民が安心・安全なまちづくり、ひとづくりに励むことが可能となり、個性豊かな自立する元気な基礎的自治体が全国に誕生し、国内・海外へも交流を広げ、国全体の総合力、活力につながっていくと確信する。

　言うまでもないことであるが、国と地方の借金が一千兆円を超えるといわれる現在、地方も主張ばかりしているといわれないように地道な努力をすべき

だ。自立に向けて身を削り、英知を結集し、創意工夫し、断固実行する覚悟を示すことが、主張に迫力を与え、住民の理解と協力を得ることになると思う。
　国民だれしも、基礎的自治体に居を構え、経済活動をしている。その国民に最も身近な基礎的自治体に真の地方分権を実現させ、地方自治の本旨である団体自治と住民自治を確立させるシステムづくりこそが、いま求められている。

[略　歴]
・中央大学法学部政治・法律両学科卒業
・国会議員秘書
・昭和46年小松島市議会議員当選(28才)
・昭和50年徳島県議会議員当選(32才)、以後4期連続当選、県監査委員(2回)、議会運営委員長、小松島青年会議所理事長 etc.
・平成元年小松島市長当選(46才)、以降4期連続当選、全国市長会評議員、青年市長会理事、国保中央会理事　全国市長会理事、財政委員会副委員長、三味一体改革推進会議委員、昭和市長会副会長、全国港湾都市協議会理事、水産都市協議会会長、瀬戸内海の路ネットワーク推進協議会会長、日本港湾協会理事、四国港湾協会々長、那賀川土地改良区理事長、県港湾協会会長、県国保連合会理事長
・平成17年2月勇退、白門市長会顧問
・著書　日本のおやじ、西暦2000年の足音、躍進への提言、青年よ故郷に帰って市長になろう(共著)、都市国家日本、やっぱり教育、欅リレー、新瀬戸内紀行(編集) etc.

新居浜市（愛媛県）

「夢と誇りがもてるまち」新居浜市

新居浜市長　佐々木 龍
（昭和53年卒）

　私は、32歳で市議会議員初当選、市議4期目途中の平成12年に市長に初当選、昨年11月に再選され、2期目の新居浜市政を担当することになりました。地方自治体が非常に厳しい状況に置かれる中、本市が地方分権など変革の時代にどう飛翔するのか、行政に託された役割は大変大きく、市民のみなさまの負託に応えるためにも、心を引き締め、大いなる使命感を抱き、力の及ぶ限り、その任に当たるつもりです。

新居浜市の概要

　さて、私が市政を担当しております新居浜市の紹介を簡単にさせていただきます。
　「夢と誇りが持てるまち」新居浜市は、四国の瀬戸内海側のほぼ中央に位置し、海、山の自然に恵まれた人口およそ13万人の都市です。今日の本市の発展のルーツとなったのは、元禄4年(1691年)の別子銅山の開坑にあります。別子銅山は、世界にも類を見ない、大きな鉱床を持ち、銅が主要な輸出品であった近代日本の経済発展にも貢献しました。昭和48年、283年間に亘る歴史に幕を閉じましたが、鉱山業から発した産業は、金属工業、化学工業、機械工業、森林経営などが加わり、本市は、住友関連企業群を中心とした四国屈指の工業都

「全国男女共同参画宣言都市サミット」を新居浜市で開催

市として発展しました。

また、平成15年4月1日に、平成の合併では愛媛県第1号の合併として、その別子銅山にまつわる文化・歴史的背景を共有する旧別子山村と合併し、新生新居浜市が誕生しました。

以上が新居浜市の簡単な紹介ですが、ここからは、地方自治体にとってのエポックメーキングとなった「三位一体の改革」と「平成の合併」について、少し触れてみたいと思います。

三位一体の改革

まず、三位一体の改革については、私は、地方の歳入、歳出の自由度を高めて、地域の政策選択の余地を大きくして、税金を上手に使えるようにしようということが目的の改革であると捉えています。そもそも地方分権とは、地方自治の本旨の実現を図ることであり、言い換えれば、画一的なルールや国の関与を排して、自らの権限と責任の下、地方自治体が自立して地域における行政を担うことができるようにすることだと思います。三位一体の改革は、こうした地方分権推進の観点から進めるべきものでなければならないのであって、地方の歳入構造を地方税中心とし、国庫補助負担金や地方交付税に依存することなく自立的な財政運営を営むことができるようにするべきであると考えます。

本市の場合、歳入が横ばい傾向の中、歳出は都市基盤整備や合併関連事業、高齢化の進展、少子化対策のための歳出増加の要素があり、厳しい行財政運営が求められています。さらに本市は、昨年、かつて経験したことのない相次ぐ台風災害に見舞われ、その災害復旧のための予期せぬ財政支出により極めて厳しい財政状況に陥っております。このため、一昨年から、「創造の10年へ！5％の行政経営改革」というスローガンでスタートした行財政改革の取組みをさら

に強化し、全事業について、洗い出しを行い、中止・延伸といった思い切った施策の見直しや選択による投与財源の大幅な圧縮を行いました。その際の視点として、「歳入増加につながる施策の取組み」、「事務事業の見直し、コストの縮減等の歳出の見直し」、「市民との協働」の3つを改革の視点としました。

平成16年に相次いで、襲来した台風により被害を受けた現場を視察

市町村合併

次に、市町村合併についてですが、本市は、前述のとおり、平成15年4月1日に、旧別子山村と合併し、すでに新しいまちづくりを進めています。

全国各地での市町村合併の動きについては、合併の目的や合併後のまちづくりの姿が見えにくいため、どうしても行政主導で、住民不在の合併論議になっているという指摘も耳にします。本市の場合も様々な経緯、経過を経て旧別子山村との合併が実現しましたが、両市村の間には、歴史的、文化的な深いつながりがあったことから、非常にスムーズに新たなスタートが切れたものと思っています。

新市建設推進に当たっては、こうした深いつながりをよく理解し、これを活かしていくことが求められています。具体的には、本市の玄関口といえるJR新居浜駅前の土地区画整理事業、フリーゲージトレインの早期導入、幹線道路網の整備等に取り組んでいますが、もう1つ大きな課題となっているのが、旧別子をはじめとして市内各所に残されている別子銅山関連の近代化産業遺産の活用です。平成15年には旧広瀬邸が国の重要文化財の指定を受けたことにより、こうした産業遺産の保存・活用がますます期待されてきています。他の工業都市には見られない、歴史的、文化的、自然的な魅力を国内外に発信してい

土地区画整理事業により再開発が進むJR新居浜駅周辺

き、合併して良かったと市民が実感できるまちづくりに取り組んでいきたいと考えています。

この合併によって新居浜の生い立ち、特性を再認識することができました。それは新居浜が「民の力によって成り立ってきたまち」であるということです。城下町や港町、門前町ではなく、産業によってまちが生まれ、大きく発展してきたのであり、まさに民の力によって自立を目指してきたまちであるといえます。これからもこの特性を活かし、民間企業、市民の力が最大限に発揮されるように、行政はその基盤作りや、支援、調整、セーフティネットの構築という役割を果たしていかなければならないと考えています。

市政運営の基本理念 「対立」から「協働」

平成の合併により、愛媛県内の自治体の様相は一変し、平成14年度末に70市町村あった自治体が、平成17年8月1日の新宇和島市の発足により、11市9町となりました。財政規模、人口規模にまだ違いがある町といえども、愛媛県内全ての市町が、まちづくりの競争相手となり得るといっても過言ではない情勢となりました。

また今、時代は「大都市」と「地方」、そして年金や保険に見られるように「若い世代」と「高齢者の世代」等、対立構造の時代と言われています。しかしながら、そのような「対立の時代」から「協働の時代」へと構造を変革していくべき時代であるとも認識をしています。

「123(いち・に・さん)」の視点

次に、今後「123(いち・に・さん)」の視点を市政の全般に浸透させる必要

があると考えます。123(いち・に・さん)とは10代、20代、30代を意味します。増え続ける少年犯罪、精神的にも多感な10代、成人として義務と権利が生じる20代、子育て真っ盛りの30代であります。

一方、これらの世代は、社会との関わりや、参画の機会が少なく、将来への希望も抱きにくい状況の中にあり、それらが政治に対する無関心層を拡大し、低投票率へもつながっていると考えます。

しかし、彼らは社会へのつながりを求めています。これらの世代を意識した施策をとることが、地域社会の一体感の醸成につながり、少子化対策にも通じ、これからの地域社会を支える人材の育成にもつながると考えます。

建設が進む国道11号バイパス

政治行政の使命

私は、政治行政の使命は
「人々の生命や財産を守り「安全・安心」な社会づくり」
「国や地域を富ませ「元気・活力」のある社会づくり」
「文化や伝統、自然を守り、次の時代にしっかり継承する」
「次世代を担う子どもたちを教え育む」
この4つに収斂されると思います。この政治行政の使命を常に忘れず、生活者の視点にたった「夢と誇りが持てる」まちづくりのための政策づくりを最優先に心がけたいと思っています。

自立と連携

私は、市長就任以来一貫して、「市民参加と情報公開」を基本理念に、「自立・連携のまちづくり」に取り組んできました。三位一体の改革にせよ、市町

村合併にせよ、「自立」ということがキーワードであり、私は、現在の厳しい状況をかえって「自立・連携のまちづくり」の好機と捉えています。自立とは、自治体の自立、経済の自立、市民活動の自立であり、それぞれが自立しつつ、相互に連携を図って、まちづくりを進めていかなければならないと考えています。そして、新居浜市は、自治体、経済、市民活動のいずれもが、それを実現できる力を持っていると確信しています。

　世紀を越えて明るい未来を築くため、さらに一層、「市民参加と情報公開」を進めつつ、「自立・連携のまちづくり」に向けてチャレンジしていこうと考えています。

おわりに

　このたび中央大学白門市長会に入会させていただき、多くの同窓の市長様と交流の機会を持てたことを大変うれしく思います。私は昭和48年から53年までお茶の水校舎へ通いました。決して「バラ色の学生生活」ではありませんでした。当時に今の自分を想像することはできませんでしたが、「政治の道」への第一歩はお茶の水校舎であったと思います。

　「市長同士」だからこそ話し合える、分かり合えることがあります。この白門市長会の交流を通じて、自己を高め、時にくつろげる一時が持てればと思っています。今後ともご指導よろしくお願い申し上げます。

[略　歴]

昭和53年3月	中央大学法学部政治学科卒業
昭和53年4月	松山三菱自動車販売㈱勤務
昭和62年5月2日	新居浜市議会議員（平成12年9月22日まで4期）
平成12年11月18日	新居浜市長（現在、2期目）

〈主な役歴〉
新居浜・西条地区広域市町村圏事務組合長、財団法人東予産業創造センター理事長

宇土市（熊本県）

白門市長会に参加して

宇土市長　田口　信夫
（昭和33年卒　旧姓・前田）

　有り難いもので、大学で勉強した記憶より、アルバイトに明け暮れた想い出しかなかった私のところに、前小松島市長の西川様より、白門市長会設立の親切なお誘いがあり、6月の全国市長会後の設立総会に出席することとしました。

　初顔の方々ばかりでしたが、そこは同窓の仲間という温かい雰囲気の中で、名刺交換などさせていただき懇談の一時をもつことができました。

　特に、外間総長、中山学員会会長、関谷参議の先生などごあいさつの中に、政財界での同窓の活躍を知る機会を得ました。

　この機会に、熊本県支部の活動状況をご報告します。今年は、7月15日に角田学長にご来熊いただき、盛大に支部総会が開催され、記念講演などありました。

　また、恒例になっていますが、今年も東都大学リーグ大同窓会加盟校の支部長さん、九州各県支部長のご出席をいただいたところです。特に、本年は尾池支部長が九州支部の代表として学員会副会長の要職につかれたことなどの報告があり、盛りあがりをみた総会でした。また、私がお世話になっている宇土市でも、8月5日に白門の仲間で懇親会を予定しています。その折、白門市長会の模様など土産話しにしたいと思っています。

最後に、白門市長会が長く親睦の会として続きますことを願い、設立のお祝いとさせていただきます。

宇土市の沿革

宇土市は熊本県のほぼ中心部にあり、豊臣時代には小西行長24万石の居城として、加藤清正と共に肥後を南北に折半し、キリシタン文化の中心地として鎮西の地に雄飛した。

関ヶ原の役によって小西氏が亡んだ後は、肥後細川藩54万石の宇土支藩細川3万石の城下町として栄え、廃藩置県と共に県南における商工業の中心地として明治経済史に大きな足跡を残した。明治25、6年頃九州で初めて宇土に火力による電燈がつけられ、また、九州商業銀行（現肥後銀行）本店が宇土に開業し九州各地に支店をおくなど当時の繁栄が偲ばれる。

近くは、昭和33年10月1日に昭和の大合併により、旧宇土町外6村が合併し、市制施行となり現在に至っている。

観　光

・轟水源　日本最古の上水道で、日本名水百選にも選ばれる。
・御輿来海岸　干潮の時、海岸が美しい波模様（砂紋）が現れる。
・地蔵祭り　肥後三大祭りの一つで、「造りもん」（造り物）は有名。
・粟嶋さんの鳥居くぐり　粟嶋神社の大祭。ミニ鳥居（高さ30センチほど）をくぐり抜けると女性特有の疾病にご利益があるといわれる。
・馬門石　美しいピンク色が特長の石で、上水道の水管や橋などに利用されている。古墳時代には近畿地方まで運ばれ大王の棺として使用されるなど古く

御輿来海岸（おこしき）

船場川と眼鏡橋

から珍重される。昨夏には、古代さながら石棺を大阪まで運搬する「大王のひつぎ実験航海」が行われ話題となった。
・獅子舞　約250年の伝統があり、雌雄二頭の獅子と童子が戯れる。

特産品
・ネーブル、有明海の海苔、デコポン、アサリ貝、張り子、小袖餅（あんこ入り小餅）

[略　歴]
昭和33年3月	中央大学経済学部卒業
昭和37年12月	熊本県庁入庁
平成元年4月	農政部次長
平成4年4月	福祉生活部次長
平成6年5月	宇土市助役(平成10年12月退任)
平成10年4月	宇土市長就任(現在、2期目)

〈主な役歴〉
宇城市町長会会長、宇城広域連合連合長、宇城広域消防衛生施設組合長、上天草・宇城水道企業団企業長、宇城人権教育研究協議会会長、宇城地域開発促進協議会会長、宇城地域防犯協会副会長、熊本県企業誘致連絡協議会副会長、JAうき農業協同組合理事、宇土・富合清掃センター副組合長、宇土市・富合町公共下水道連絡会議会長、緑川河口地域漁業振興対策連絡協議会会長、浜戸川地区湛水防除施設協議会副会長、熊本県農業会議常任会議員、宇城広域火葬場組合議員、宇城地域医療推進協議会委員、保健所事業連絡協議会委員、宇土市社会福祉協議会会長、同農業委員会会長、同交通安全推進協議会会長、同水産振興協議会会長、同青少年問題協議会会長、同同和教育推進協議会会長、同みどり推進協議会会長、同野菜振興協議会会長、同農業後継者育成対策協議会会長、同水田農業推進協議会会長、うとスポーツクラブ運営委員顧問

名瀬市（鹿児島県）

豊かな自然、特異な文化の名瀬市

名瀬市長　平田　隆義
（昭和36年卒）

　九州最南端の鹿児島からさらに南へ約380kmの外海に、奄美大島本島があります。この奄美大島本島から、沖縄本島を間近に臨む与論島までの約180kmの間に浮かぶ大小8つの島々を奄美群島と呼んでいます。

　名瀬市は奄美大島本島の中ほどに位置し、人口約4万1,000人、奄美群島の拠点都市と言われています。

　南は太平洋、北は東シナ海に面しており、市域の81％を山林が占めています。年間平均気温21度前後、四季を通じて温暖多雨の亜熱帯海洋性気候です。海岸線のサンゴ礁や、珍しい動植物が生息する山岳部など、豊かな自然に恵まれており、絶滅が心配されるアマミノクロウサギをはじめ、多種類の動物が国の天然記念物に指定されています。

　基幹産業は1,300年の伝統を誇る本場奄美大島紬。近年の和装離れの影響で、生産が減少していますが、複雑な工程と、緻密な手作業から生み出される絣

名瀬市の眺望

野口みずき選手の金メダル記念碑除幕式
（左から藤田信之監督、野口みずき選手、平田隆義市長）

模様は、外に類を見ない織物です。もう一つ特筆されるべきものに奄美群島でのみ製造が許可されている黒糖焼酎があり、最近の焼酎ブームもあり、方々で愛好者が広がっております。

　本市ではこのような特産品の宣伝販売と観光PRのため、観光物産展を全国津々浦々で行っています。

　本市がこれまで力を入れてきたものに、「スポーツで癒す島」ということを基本理念とした「スポーツアイランド構想」があります。

　陸上競技や野球などの冬場の合宿地として数多くの選手たちが島を訪れています。7年前から本市で合宿を行ってきた野口みずき選手が、アテネオリンピックの女子マラソンで金メダルを獲得したのは、まだ記憶に新しいところです。もちろん中央大学の陸上部の合宿もあり、若いOB会員が心をこめて支援しております。

　トレーニング地として適しているということばかりでなく、地元の人との心温まる交流も、選手たちが繰り返し訪れる要因の一つになっていることは、大変喜ばしいことだと思っています。北京オリンピック選手の強化拠点施設としてJOCの指定を受けたのも多くの人々の協力と努力の賜物と思います。

　また、本市では現在、海洋療法施設を海浜公園内に建設中です。ストレスの多い現代社会とよく言われます。そんな中、ゆったりとした生活を求める人が増えているようですが、この海洋療法施設の完成後は多くの観光客が、海で心身を癒すことを求めて訪れることを期待しているところです。

　さて、国内の多くの地方自治体で運営が苦しくなっているように、本市の状況も決して楽観できるものではありません。

　本市を、というよりも奄美全体を支えてきた基幹産業の大島紬の生産は減少

の一途をたどり、それに代わる産業がなかなか育ってこないのが実情であります。

農業、観光、黒糖焼酎作りなどに期待が寄せられるところですが、本市を支える基幹産業に成長し得るのかまだ不透明であり、産業の育成にはこれからますます力を入れていかなければならないと考えるところです。

奄美群島は、日本の中にあって特異な歴史と文化を持つ地域であると言えるでしょう。

終戦の翌年昭和21年、北緯30°以南の奄美群島は日本の領域から除外、アメリカ軍政府の統治下に置かれました。政治、経済、教育、文化などすべてが日本から切り離され、渡航も自由には出来なくなりました。以後、日本に復帰する昭和28年までの8年間、物心両面で非常に不安定な時期を奄美の人々は過ごすことになりました。やがて、日本への復帰を願う群島民の気持ちは大きなエネルギーとなり、一致団結した民族運動へと発展、署名嘆願や断食祈願など粘り強い運動の末、昭和28年に奄美群島は日本に復帰しました。

また古くは16世紀後半から明治維新まで、奄美群島は琉球王国や薩摩藩から3世紀にも及ぶ長い間支配を受けました。そのような時代背景もあり、島唄や八月踊りなどの、沖縄にも鹿児島県本土にもない奄美独特の民俗文化が生まれ、現在も唄い踊り継がれています。

本市は、ビルが建ち並ぶ中心市街地の周辺を昔ながらの農村が取り囲むといった形態をなしておりますが、旧暦の八月になると、周辺の多くの集落や、市街地の公園などで、輪になり、太鼓を鳴らしながら8月踊りを唄い踊る老若男女を見ることができます。その光景は、見なれない人の目にはどこか幻想的で不思議なものに映ることと思われます。

八月踊り

奄美の自然も、初めての人にとっては驚きかもしれません。

名瀬市で晩年を過ごした日本画家田中一村は、奄美の動植物や風景を濃密な色使いで描き出し、死後にその作品が世に出るや見る者に驚きと深い感銘を与えましたが、一村が描いたような原色に近い色鮮やかな自然を、ここ奄美では実際に見ることができます。

絵さながらに鮮やかで色濃い自然や、八月踊りや島唄のような、どこか土臭く洗練されていない文化など、奄美には昔ながらの風景がまだ残されています。これらは長い時間をかけて育まれてきた独自のもので、大変貴重な財産であると言えるでしょう。この貴重な財産は、これから本市が発展して行くための大きな力になるものと思います。

豊かな生命力に満ち溢れていながら未だそれが表面に出てこない、内に非常に価値のあるものを秘めている、そんな印象を奄美は外に対して与え続けているような気がします。そんな奄美の中心都市である名瀬市にはまだまだ多くの可能性が秘められているものと確信しております。

平成18年3月に名瀬市は周辺2町村と合併して新しく「奄美市」となります。

我が名瀬市も今、大きな変革の時期を迎えているところですが、奄美らしさを見失うことなく着実に、少しずつ前進して行きたいと考えています。

[略　歴]

1961年3月	中央大学法学部政治学科卒業 大学卒業後、東京で就職し、その後帰郷
1968年6月	広報社印刷創立、代表取締役就任
1984年8月	名瀬市議会議員選挙当選。3期10年に及び名瀬市議会議員として、名瀬市議会議員総務委員会委員長、同副委員長、同産業経済委員会委員長、議会選出名瀬市監査委員らを歴任
1994年11月	名瀬市長就任（現在3期11年目）

〈主な功績〉

1995年4月、ナカドゥチェス市との姉妹都市盟約締結。1995年4月、奄美看護福祉専門学校設立に尽力。1996年7月、名瀬市市政施行50周年記念式典を開催。同時に、都市整備構想を発表し、奄美群島の中心都市として、交通機能・商業機能

を高めるための総合的な市街地整備に取り組む。1996年3月、名瀬市スポーツアイランド構想に取り組み、現在奄美でのスポーツ合宿が定着。1997年以降、地域経済の活性化と行財政改革の両課題に取り組む。2003年、奄美群島日本復帰50周年記念事業を開催。2004年、奄美大島合併協議会の会長を務め、2006年3月、奄美市誕生予定。現在、地域力と民間活力を促進するため、「市民との協働」を掲げ、市民と行政が一体となったまちづくりに取り組んでいる。また、全国市長会評議員、日本港湾協会九州支部連合会副会長等、要職を多く務めている。

〈主な役歴〉
全国市長会評議員、九州市長会理事、日本港湾協会九州支部連合会副会長、鹿児島県港湾協会会長

あとがきにかえて

白門市長会顧問　西川　政善

　６月８日の本会創設からわずかの日数で、杉山会長、中尾副会長（本会設立代表世話人）と連絡を取り合いながら、駆け足で準備し、会員市長には無躾な寄稿依頼となった。にも拘らず白門に思いを発する同窓諸兄姉がご賛同のうえ玉稿を寄せられた。このことから本書の内容が理論と実践で具体的な提言書として充実したものになったことを確信する。喜びに堪えないところである。ただ、時間的な制約のなか、会員市長のご意見を十分に反映できなかった点もあろうかと思われる。編集作業上の不備もあって反省大である。それでも限られた期日内で念には念を入れた心算である。なおかつ不十分な点があれば、ひとえに私の責任であり、平に容赦願いたい。

　外間総長、角田学長、阿部理事長、辰川常任理事はじめ中央大学関係者のご理解・ご協力にも感謝申し上げる。また、総長、学長、理事長にはご多忙のなか記念出版に当たり、お祝いのおことばをいただいた。本会々員とともに厚くお礼申し上げ、あわせて母校中央大学が125周年を大きな節目としてさらに栄光あらんことを祈念する次第である。中央大学出版部平山編集長、全国市長会で本会の担当を下さる竹中啓子女子（中央大商卒）、平田健太郎氏のご協力にも感謝申し上げたい。なお本書は本会の設立時（2005年６月８日）の会員名簿に基づいて編集されていることを了承されたい。

　以下、あとがきではめずらしいことだが、母校中央大に思いを込め、その未来の発展と、白門市長会が会員相互の親睦・提携のもとで積極的活動がなされ、もって会員各市長のご活躍と各市のいや栄を祈念する思いから、私たち卒業生が歌い励ましあった大学の歌のいくつかを記してペンを置く。

中央大学校歌

　一、草のみどりに風薫
　　　丘に目映き白門を
　　　慕い集える若人が
　　　真理(まこと)の道にはげみつつ
　　　栄えある歴史を承け伝う
　　　ああ中央　われらが中央
　　　中央の名よ光あれ
　二、よしや風や荒(すさ)ぶとも
　　　揺るがぬ意気ぞいや昂く
　　　春の驕奢(おごり)の花ならで
　　　みのりの秋やめざすらむ
　　　学びの園こそ豊なれ
　　　ああ中央　われらが中央
　　　中央の名よ誉あれ
　三、いざ立て友よ時は今
　　　新しき世のあさぼらけ
　　　胸に血潮の高鳴りや
　　　湧く歌声も晴れやかに
　　　自由の天地展(ひら)けゆく
　　　ああ中央　われらが中央
　　　中央の名よ栄あれ

いくつかの思い出の歌

　校歌のほかによく歌ったものに応援歌がある。神宮の森で元巨人軍末次選手を擁して優勝した東都大学野球、講道館で柔道世界チャンピオンの岡野功選手(学部同期生)、6連覇の無敵を誇った箱根駅伝、東京オリンピックマラソン銅メダルの円谷選手など、声を限りに応援歌「ああ中央の若き日に」で激励したものだ。

ああ中央の若き日に

　一、憧れ高く　空ひろく
　　　理想の光あやなせる
　　　ああ中央の若き日に
　　　伝統誇る白門の
　　　闘い挑む旗仰げ
　　　力　力　中央　中央
　二、情熱(ねつ)と力の若人が
　　　精鋭こぞりふるいたつ
　　　ああ中央の若き日に
　　　雄叫ぶ血汐紅は
　　　闘魂たぎる火と燃える
　　　力　力　中央　中央

三、我らが誇り覇者の歌
　　燦たり栄光我が生命
　　ああ中央の若き日に
　　今ぞ座らん覇者の座に
　　いざ勝ちどきを揚げんかな
　　力　力　中央　中央

　楽譜なし、手前勝手に文句を変え、手拍子にあわせて手振り足振り踊りかつ歌うのが「**中大神田節**」である。前口上もまちまちであるが、辞達学会(所謂弁論部)に伝わるのを記しておく。

(前口上)
　ホーラ、エッサコラ、エッサコラ、エッサッサー、
　かのニコライの鐘の絶えざる響きのその中に、(ヨイショ)、まかり出(いで)たるこの俺は、(ヨイショ)中大いちの強き者、中大いちの色男、前からこい、後ろからこい、そりゃ横からこい、前からくる奴っあアンパンチ、後ろからくる奴っあ背負い投げ、横からくる奴っあ肘鉄砲、
　ホーラ、エッサコラ、エッサコラ、エッサッサー、
　中大名物数々あれど数あれど、これから始まる中大節はいち調子
　(本唄)
㈠　ここはお江戸か　神田のまちか
　　神田のまちなら大学は中央
　　えっさ　こりゃ　それ　(くりかえす)
㈡　大学中央の学生さんは
　　度胸ひとつの男伊達
㈢　度胸ひとつで神田のまちを
　　歩いて行きます紋付き袴
㈣　紋付き袴は、中大の育ち

　　　　ぼろはおいらの旗印
㈤　ぼろをまとえど心は錦
　　　　どんなものにも怖れはせぬぞ
㈥　どんなものにも怖れはせぬが
　　　　可愛いあの娘にゃかなやせぬ
㈦　可愛いあの娘はいつでも捨てる
　　　　母校のためなら命まで
㈧　命捨ててもその名は残る
　　　　大学中央のその名は残る
㈨　おまけに俺いらのその名も残る
　　　　　　　（2回くりかえす）

　同じように楽器伴奏なく手拍子だけで、自己流で歌うのが「**中大五万節**」である。

㈠　中大出てから十余年（ヨイショ）
　　　　今じゃ神田のルンペンで（ヨイショ）
　　　　真夏の太陽のその下で（ヨイショ）
　　　　数える虱（しらみ）が五万匹（ヨイショ）
㈡　中大出てから十余年
　　　　今じゃ女学校の先生で
　　　　桜の花咲く樹の下で
　　　　恋する乙女が五万人
㈢　中大出てから十余年
　　　　今じゃ天下の裁判官
　　　　ひとたび法廷に立つならば
　　　　無実の罪人五万人
㈣　中大出てから十余年

今じゃ天下の実業家
　　ひとたび宴会もつならば
　　はべらす芸者が五万人
(五)　中大出てから十余年
　　今じゃ天下の政治家で
　　ひとたび演壇に立つならば
　　集まる聴衆が五万人

　次に「**中大数え歌**」。これはそれぞれの大学で、自分の大学には身びいきに、他の大学をコケにしたような歌詞内容を勝手につくって歌う子どもじみたものである。どこの大学でもそうであるから恨みっこなしのお互いさまというところだ。手前ミソで母校のみ記し、以下省略。
　ひとつトセ
　　人はみかけによらぬもの　〇〇上手な　ン大生
　　　　　　　（ソイツァ豪気だね、ソイツァ豪気だね）
　五つトセ
　　いつも神田でたたき売り、勉強するやつ中大生

　大学の寮で2年近く過ごした私には、先輩たちが歌い続けてきた所謂寮歌を教えられた。「伊豆逍遥歌」と「惜別の歌」を口ずさむと今でも感傷にひたってしんみりとする。
　昭和15年ごろ、村上道太郎先輩によって「**伊豆逍遥歌**」は作詞作曲されたと聞いている。当時、川端康成の「伊豆の踊り子」に感動した村上先輩たちが卒業記念に伊豆を旅し、若者の無限の感傷を歌にしたのだと教わった。私たちの青春回想の歌である。

(一)　よしや心のつれづれに　　　　(二)　ああ修善寺の春しずか
　　さすらい出し旅なれど　　　　　　　ことよもなげに梅散るを

155

光降る野に立つ我の
　　いぶく憂いのぬれしぶる
(三)　せせらぎ歌う湯ヶ島の
　　いで湯の里の月おぼろ
　　打つや太鼓の音につれて
　　灯影に舞うは誰が影ぞ

　　のみの音たえて夜叉王の
　　魂いづくにか宿るらん
(四)　花かんざしの踊り子の
　　あえかな姿今なくも
　　この夕暮れに耐えずして
　　湯が野の里に歌うなり

　以下、下田まで情景を追って歌は続くのだが、残念ながら記憶が充分でなく省略する。
　次に「**惜別の歌**」は、戦時中に私たちの先輩藤江英輔氏が、島崎藤村の若菜集から詞をとり曲をつけたと聞かされている。しばらくは、中央大学の寮歌として歌われていたが、昭和30年ごろのレコーディング、うたごえ喫茶での愛唱、小林旭によるレコード化などで広く知られるようになった。私の所属した辞達学会というクラブでは、前語りをつけて愛しく歌い続けてきた。
　（前語り）
　これから歌います惜別の歌は、私たち中央大学の学生にとりましては「蛍の光」にかわる歌として、友と別れる時、恋人と別れる時、離れるのはいやだという切なる想い、どうしても別れなければならないのなら、またきっと、必ず会おうと誓い合う気持ちをこめて歌うのが習わしとなっております。この歌には悲しい秘話が残されております。時あたかも戦時たけなわ、わが自由な学園中央大学にもあのいまわしい戦雲の嵐は容赦なく押し寄せてきたのであります。わが中央大学の先輩も学徒動員令によって長野県は諏訪湖の畔へ配属されたのであります。その地には東京のとある女子大生も動員されておりました。何気なく、さり気なく目を見かわした2人ではありました。しかし若い2人の間には親しみからやがて淡い恋心へと心が通い始め、いつしかお互いに無くてはならない存在となったのであります。この2人の清らかな交際を、あたかも生木を切り裂くような出来事が起こりました。私たち中央大学の先輩をして、遠く千葉県は習志野の地へと転属命令が下ったのであります。2人は夕暮れ迫

る野を悲しみに打ちひしがれてどこまでも歩きました。やがてとある高楼に登り、離れるのはいやだ、別れたくないという切なる心情をこめて、島崎藤村作詞によります若菜集の一節より口ずさんだ歌がこの歌の始まりとされております。心をこめて惜別の歌をお送りします。

(一) 遠き別れに耐えかねて
　　 この高楼にのぼるかな
　　 悲しむなかれわが友よ
　　 旅の衣を調えよ
(二) 別れといえば昔より
　　 この人の世の常なるを
　　 流るる水を眺むれば
　　 夢はずかしき涙かな
(三) 君がさやけき目の色も
　　 君くれないの唇も
　　 君がみどりの黒髪も
　　 またいつか見んこの別れ

　かなりセンチで感傷的な表現になってしまったが、若かりし青春時代の回想は誰しもこうなるのではと思う。ただ未熟ながらも純粋であったこと、ひたむきであったことをゆめ忘れまいと思う。同窓が相集うたびごとに、これらの歌をうたい、今の自分を勇気づけたいのである。

　歌詞のなかに「白門」とあるが、このことについて、昭和24年、時の加藤正治総長が次のように説明している。「(前略)特に優秀なる司法官、弁護士を輩出したる点においては、東京大学と一二を争い来たるところにて、東京大学の赤門に対して自然に本学を白門大学と一般に呼称するに至りたるものである(後略)」と。白は、それのみで神秘であり、純粋であり、正義、純白の意味合いを含み「法」の尊厳を表し得るということで、明治38年中央大学と改称して以来、校章も徽章も白、校門も白となっている。

白門市長会会員名簿　　　平成17年6月現在

（都道府県）	（市区名）	（氏　名）	（卒業年）
北海道	札幌市	上田　文雄	昭和47年
北海道	北広島市	本禄　哲英	昭和31年
青森	むつ市	杉山　肅	昭和34年
岩手	一関市	浅井　東兵衛	中退
宮城	石巻市	土井　喜美夫	昭和46年
宮城	東松島市	阿部　秀保	昭和54年
山形	南陽市	荒井　幸昭	昭和40年
茨城	古河市	小久保　忠男	昭和45年
茨城	守谷市	会田　真一	中退
栃木	大田原市	千保　一夫	昭和41年
埼玉	川越市	舟橋　功一	昭和30年
埼玉	所沢市	斎藤　博	昭和36年
埼玉	飯能市	沢辺　瀞壱	昭和39年
千葉	鴨川市	本多　利夫	昭和39年
千葉	君津市	三浦　公明	昭和30年
東京	墨田区	山崎　昇	昭和44年
東京	世田谷区	熊本　哲之	昭和38年
東京	中野区	田中　大輔	昭和51年
東京	板橋区	石塚　輝雄	昭和28年
東京	足立区	鈴木　恒年	昭和32年
東京	葛飾区	青木　勇	昭和35年
東京	多摩市	渡辺　幸子	昭和47年
神奈川	秦野市	二宮　忠夫	昭和35年
富山	富山市	森　雅志	昭和51年
長野	須坂市	三木　正夫	昭和48年
岐阜	高山市	土野　守	昭和34年
京都	京都市	桝本　頼兼	昭和38年
兵庫	三田市	岡田　義弘	昭和37年
和歌山	新宮市	上野　哲弘	昭和43年
岡山	津山市	中尾　嘉伸	昭和34年
岡山	玉野市	山根　敬則	昭和38年
広島	呉市	小笠原　臣也	昭和32年
広島	庄原市	滝口　季彦	昭和44年
広島	大竹市	中川　洋	昭和47年
徳島	徳島市	原　秀樹	昭和56年
徳島	小松島市	西川　政善	昭和41年
愛媛	新居浜市	佐々木　龍	昭和53年
長崎	平戸市	白濱　信	昭和40年
熊本	宇土市	田口　信夫	昭和33年
鹿児島	阿久根市	斉藤　洋三	昭和34年
鹿児島	名瀬市	平田　隆義	昭和36年
鹿児島	西之表市	長野　力	昭和39年

白門市長会会員市区長の市区所在地

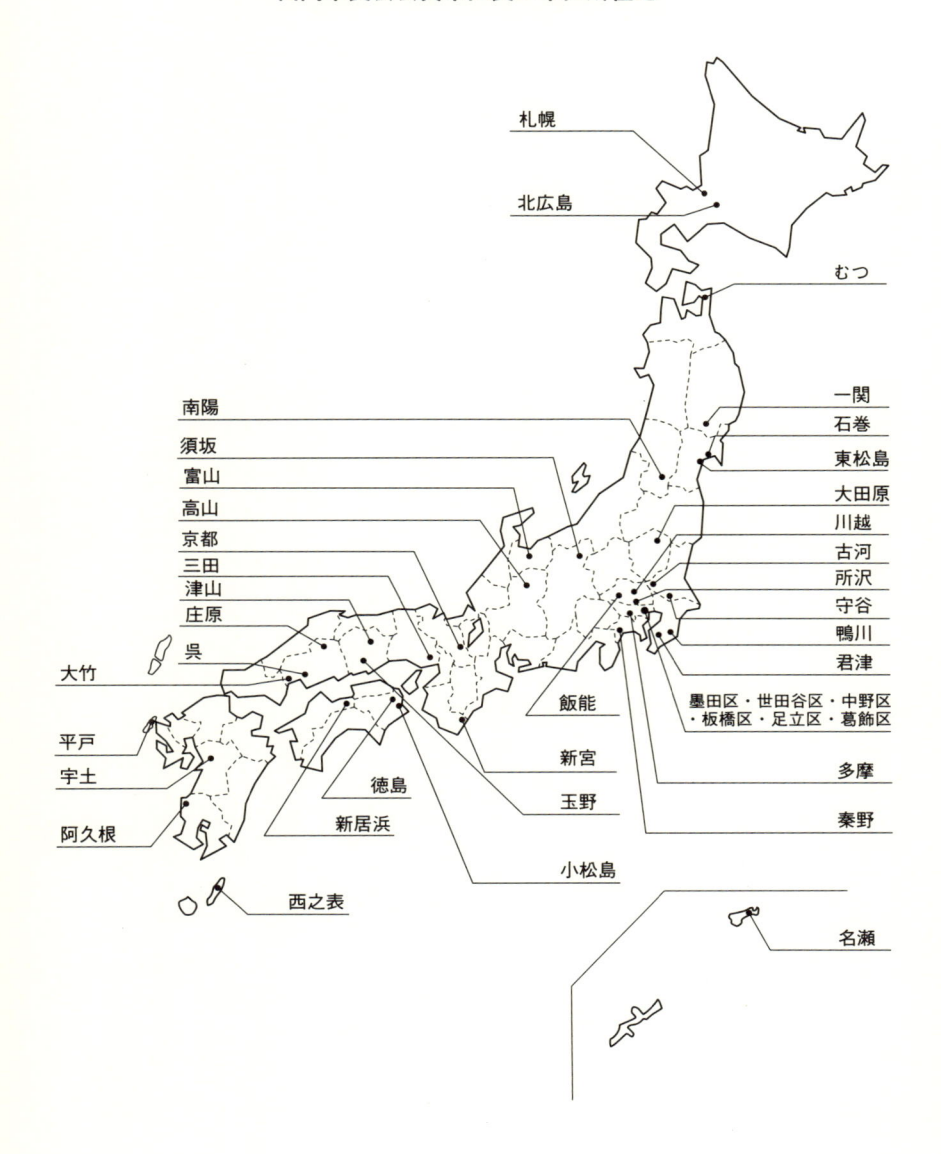

- 札幌
- 北広島
- むつ
- 南陽
- 須坂
- 富山
- 高山
- 京都
- 三田
- 津山
- 庄原
- 呉
- 大竹
- 平戸
- 宇土
- 阿久根
- 一関
- 石巻
- 東松島
- 大田原
- 川越
- 古河
- 所沢
- 守谷
- 鴨川
- 君津
- 墨田区・世田谷区・中野区・板橋区・足立区・葛飾区
- 飯能
- 新宮
- 玉野
- 多摩
- 秦野
- 徳島
- 新居浜
- 小松島
- 西之表
- 名瀬

159

わがまちづくりひとづくり 〔2005年6月現在〕

2006年3月25日 初版第1刷発行

編 者 白門市長会
発行者 中津靖夫

発行所 中央大学出版部
〒192-0393
東京都八王子市東中野742番地1
電話 042(674)2351　FAX 042(674)2354
http://www2.chuo-u.ac.jp/up/

©2006　　　　　　　　　藤原印刷(株)

ISBN 4-8057-6162-8